Ferdinand Eckbrecht von Dürckheim -Montmartin

Lilli's Bild geschichtlich entworfen

Ferdinand Eckbrecht von Dürckheim -Montmartin

Lilli's Bild geschichtlich entworfen

ISBN/EAN: 9783742816252

Hergestellt in Europa, USA, Kanada, Australien, Japan

Cover: Foto ©Thomas Meinert / pixelio.de

Manufactured and distributed by brebook publishing software
(www.brebook.com)

Ferdinand Eckbrecht von Dürckheim -Montmartin

Lilli's Bild geschichtlich entworfen

LILLI'S BILD

GESCHICHTLICH

ENTWORFEN; MIT ...

EINEM ANHANG

LILLI'S...

Ferdinand Eckbrecht von
Dürckheim -Montmartin (graf.)

Mir ist es, denk ich nur an dich,
Als in den Mond zu sehn;
Ein stiller Friede kommt auf mich,
Weiss nicht wie mir geschehn.

Lilli's Bild.

Lilli's Bild

geſchichtlich entworfen

von

Graf Ferdinand Eckbrecht von Dürckheim.

Mit Photographie nach dem beſten Familienbilde

und

einem Anhang Lilli's Briefwechſel enthaltend.

Nördlingen.
Verlag der C. H. Beck'ſchen Buchhandlung.
1879.

Druck der C. H. Beck'schen Buchdruckerei in Nördlingen

Vorwort.

Von allen Frauen, die Göthe verehrte, ist wohl, neben Friederike, Lilli diejenige, welche die Sympathie der deutschen Leserkreise hauptsächlich auf sich gezogen hat, nicht daß sie durch glänzendes Auftreten und durch besondere, geniale Begabung die Aufmerksamkeit erregt hätte, denn wir sehen sie in Göthes Schilderung beinahe passiv erscheinen, sondern weil sie die weibliche Anmuth und Milde in ihren werthvollsten Zügen darstellt und der große Dichter ihr in diesem Sinne ein unsterbliches Denkmal errichtet hat.

So zauberisch anziehend aber das von Göthe in Dichtung und Wahrheit skizzirte Bild auch sein mag, so können wir es dennoch nicht als ein durchaus Wahres erkennen und müssen einsehen, daß es dem eifrigsten Götheforscher schwer wird, aus der Schilderung die Gestalt Lillis, vom poetischen Nimbus befreit, und über-

haupt das ganze Verhältniß Göthes zu ihr richtig auf-
zufassen.

Vielseitig wurde uns schon öfters der Wunsch ausgesprochen, wir möchten eine treue Darstellung nach den
Familienerinnerungen und den von Lilli hinterlassenen
Briefen entwerfen. Wenn dies nicht früher geschehen
ist, so gebrach es uns an Zeit und Muße, und, gestehen wir es aufrichtig, auch am nöthigen Muth, dem
Bilde des großen Malers ein Anderes entgegen zu
stellen.

Die kindliche Pietät allein vermochte es, uns die
Feder in die Hand zu geben, um die Gestalt Lillis in
ihrer dreifachen Erscheinung, zuerst als Göthes Braut,
dann als Gattin und Mutter, in aller Treue und
Wahrheit dem geneigten Leser vor die Seele zu stellen.

Die Braut kennen wir durch Göthes Beschreibung
nur oberflächlich und können nicht läugnen, daß auf
dem lieblichen Bilde kleine Schattenstriche ruhen, aus
welchen die Nachwelt den Vorwurf der Coquetterie und
Wankelmüthigkeit herausfinden wollte.

So haben namentlich die meisten Biographen
Göthes den Grundcharakter Lillis völlig verkannt, wie
auch der geniale Maler Kaulbach uns nach dem Ge-
dichte „Lillis Park" eine unwahre theatralische Zeichnung

hinterlassen, die von Lilli einen ganz falschen Begriff giebt.*)

Wir machen es uns daher zur Pflicht, das Bild wieder herzustellen wie es war.

---

*) Wenn wir Tünzer und Viehoff ausnehmen, so scheinen die meisten Biographen Göthes uns nur immer dasselbe Conventionsbild vorzuhalten, und ihre Urtheile über Lilli lauten wie solche, die einzig nach den Worten Göthes gebildet worden sind.

€liſa Schönemann, geboren zu Frankfurt a. M. den 23. Juni 1758, war die einzige Tochter einer der reichſten und angeſehenſten Banquierfamilien der freien Reichsſtadt, ihr Vater, ein tüchtiger und gebildeter Mann, ſtarb früh= zeitig und ihre Mutter (eine geborne b'Orville) leitete die Er= ziehung Lillis und ihrer vier Brüder, mit der ausgeſuchteſten Sorgfalt.

In glänzenden Verhältniſſen, und mit allen weiblichen Talenten ausgeſtattet, wuchs die Liebliche heran.

Das Haus Schönemann, durch ausgebehnte Geſchäfts= beziehungen zu einer gewiſſen beſtänbigen Repräſentation ge= nöthigt, war mit dem erforderlichen Luxus, aber dennoch mit vieler Umſicht und Ordnung geführt.

Es iſt durchaus unrichtig, daß, wie man es behauptet hat, ein fürſtlicher Prunk darin obwaltete. Trotz dem äußeren Glanz wurden die Kinder mit ſtrenger Einfachheit erzogen und zu ernſter Arbeit angehalten.

So entwickelte Lilli, in regſamer Thätigkeit, ihre glück= lichen Anlagen, ſie zeichnete hübſch und mit Kunſtſinn, ihre Fertigkeit im Klavierſpiel wurde gerühmt und ihre liebliche Stimme bezauberte manchen Zuhörer; vor allem doch war ſie frühe ſchon mit der Leitung und Sorge des Hauweſens betraut.

Ihr Aeußeres war anziehend: auf zierlich gestalteten Schultern schwebte ein anmuthiger Kopf vom schönsten Oval, mit feingeregelten Zügen; blondes Haar, große dunkelblaue Augen mit dem Ausdruck reinster Herzensgüte, ein reizend lächelnder Mund und eine durchsichtige Haut voller Jugend= frische, so vervollständigt sich, glauben wir, das vom großen Dichter, gleichsam wie im Schattenriß*) entworfene Bild.

So hat sie Göthe zum ersten mal gesehen, und zwar, wie wir wissen, im Libeneck'schen Hause, welches ihre Mutter angekauft und, für die damals nicht unbedeutende Summe von 80,000 Gulden, schön eingerichtet hatte.

In einem Konzert, wo Lilli durch ihr seelenvolles Spiel seine volle Bewunderung erregte, lernte er sie kennen; die Mutter lud ihn zu ferneren Besuchen ein und bald entspann sich zwischen den beiden jungen Leuten ein zärtliches Ver= hältniß, das nach und nach zur herzlichsten gegenseitigen Liebe aufblühte und von den Eltern, im Anfang, nicht ungern ge= sehen ward.

Aus den Bekenntnissen Göthes geht hervor, daß er hier zum ersten mal vor einer ernsten Liebe steht: es tritt vor ihn eine Gestalt, mit der sich kein tändelndes Liebesverhältniß fortspinnen läßt; eine Würde, eine Höhe entfernte die

---

*) Ihr ältester Bruder schildert sie wie folgt: Meine Schwester war von der Natur durch eine schöne Gestalt begünstigt, der Ausdruck eines lebhaften Geistes und talentvoller Befähigung, der aus ihren sprechenden Augen leuchtete. mischte sich mit den weichen Zügen einer edel geformten Gesichtsbildung und schuf eine Harmonie, die schon beim ersten Anblick, auf ein gutes, allen wohlwollendes, Herz schließen ließ, dabei hatte die Mutter nichts versäumt, ihr eine sorgfältige Erziehung zu geben und darum zog diese so äußerst liebliche Erscheinung auch alles an sich was in ihre Nähe kam.

Vertraulichkeit. Nicht mehr ist es die leicht zu Erobernde, deren Eindruck schnell verschwinbet, wenn sie nicht gegenwärtig ist, nein, aus allem dem was Göthe über Lilli sagt, muß man erkennen, daß ihre gebiegenen Eigenschaften, ihr selbstloser, gleichmüthiger Charakter ihn weit mehr fesselten als ihre äußere Schönheit.

Er selbst ist nicht mehr der von keiner Sorge noch gezügelte, der kurz vorher singen konnte:

> Durch Feld und Wald zu schweifen,
> Mein Liebchen wegzupfeifen
> So gieng's den ganzen Tag.

Er ist ernster geworben, Shakespeare's Geist durchbringt ihn schon, Götz ist geboren, Faust schon entworfen und Egmont trägt er in der Seele.

Geistig und körperlich ausgeschmückt mit allen Vorzügen, die Mutter Natur nur ihren besonbern Lieblingen gewährt, hinreißend und bestrickend für alle, die ihm nahe kommen, so tritt der Jüngling, von dem der greise Wieland sagen konnte: meine Seele ist voll von ihm wie ein Thautropfen von der Morgensonne, vor die liebliche Braut.*)

____

*) Zimmermann beschreibt, in einem Brief an Frau von Stein, ungefähr in jenen Tagen den Eindruck, welchen ihm Göthe hinterlassen mit den Worten:

„Précédé d'une renommée aussi brillante et aussi généralement reconnue que la sienne, portant à la première vue la foudre dans ses yeux, il a du toucher tous les coeurs par sa bonhomie infiniment aimable et par l'honnêteté qui va de pair avec son génie sublime et transcendant.

Ah, si vous aviez vu, que le grand homme est vis à vis de son père et de sa mère le plus honnête et le plus aimable des fils,

1*

Diese Worte Wielands möchten wir lieber in Göthes
Mund legen, wenn er, vor Lilli stehend, uns seine Gefühle
schildert; doch dieselben finden ihren schönsten Ausdruck in
jenen herrlichen Liedern, welche die Geliebte so seelenvoll
feiern und von denen wir mit ihm sagen können: hat man
sie sich aufmerksam vorgelesen, oder lieber noch, ge=
fühlvoll vorgesungen, so wird gewiß ein Hauch jener
glücklichen Stunden vorüberwehen.

Im hohen Alter also wehte dieser süße Hauch an seinem
Herzen noch vorüber und drang der Feder die reizende Schil=
derung des nur zu kurzen Glückes auf.

Im Augenblick aber dieses empfundenen Glückes, war
es nicht ein bloßer Hauch, eine vorüberwehende Anwandlung
einer tollen Leidenschaft, sondern vielmehr das vollkommene
Ergriffensein der ganzen Seele von dem Zauber der Anmuth,
mit dem Bewußtsein, daß Lilli sein dauerndes Glück begrün=
den werde.

Wenn Lewes daher sagt: während Lilli, mit aller
Macht und Zauberkraft der Schönheit*), unbarm=
herzig sein unbeständig Herz in Fesseln schlug, ließ
sie doch seine Seele unberührt, so hat er sicherlich die
wahre Stimmung Göthes nicht erkannt, sondern sein herbes,
ungerechtes Urtheil über das ganze Verhältniß, nur aus eini=
gen, leicht hingeworfenen Worten Göthes, zwischen den Zeilen
lesend, ganz oberflächlich und willkürlich gebildet.

---

vous auriez eu bien de la peine, um ihn nicht durch das Medium
der Liebe zu sehn.“
    Zimmermann ahnete nicht, als er das schrieb, daß seine Worte
eine Prophezeiung enthielten.
    *) Und doch heißt er sie anderswo eine mäßige Schönheit.

Gerade so unbillig ist auch Hermann Grimm in seinem Urtheil über Lilli, wenn er sagt: „Es hat etwas jammervolles zu sehn wie das arme Mädchen, mit Ihren paar Künsten, zuletzt unterjocht, es nun dem recht zu machen sucht, den sie liebt."

Wenn wir diese Worte ernst aufnehmen sollten, müßten wir an Göthes Scharfblick wie an seinem guten Geschmack verzweifeln und die ganze Darstellung in Dichtung und Wahrheit als eine flatterhaft eitle Illusion betrachten. Denn wahrlich einem so armen Mädchen hätte der große Dichter seine Verehrung nicht geschenkt.

Wir glauben vielmehr Göthe, wenn er in spätern Jahren an Eckermann schreibt: Sie war in der That die Erste, die ich wahrhaft geliebt habe, auch kann ich sagen, daß sie die Letzte war, denn alle kleinen Neigungen, die mich in der Folge meines Lebens berührten, waren, mit jener Ersten verglichen, nur vorübergehend und oberflächlich.

Dieses redliche, ganz uneigennützige Bekenntniß des greisen Göthe ist die beste Widerlegung alles dessen, was eine herbe Kritik über sein Verhältniß zu Lilli vorgebracht hat.

Doch hören wir Göthe weiter an, er wird uns zur Genüge bezeugen, wie hoch er die Liebliche zu schätzen gewußt hat, und wie tief seine Seele von ihr eingenommen war.

„Mein Verhältniß zu ihr war zu einer liebenswürdigen, gebildeten Tochter, es glich meinen früheren Verhältnissen, nur daß es noch höherer Natur war; ein unbezwingliches Verlangen war herrschend geworden, ich konnte nicht ohne sie und sie nicht ohne mich sein."

Wenn er sie in Gesellschaft sieht, wo ihn stets ein, bis

zum äußersten Mißmuth gesteigertes, Unbehagen überfällt,
sagt er: „ich konnte mir zwar nicht verbergen, daß
diese Fremden mir unbequem waren, daß ich aber
doch um Vieles der Freude nicht entbehrt hätte,
Lillis gefällige Tugenden kennen zu lernen, und
einzusehen, daß sie auch weitern und allgemeinen
Zuständen gewachsen sei.

Göthe dachte sicher, als er diese Zeilen niederschrieb, die
geistreiche, anstandsvolle Lilli würde dem Hause des Weimar'-
schen Statsministers eine hohe Zierde geworden sein und die
Honneurs mit seltener Auszeichnung gemacht haben.

Wir aber können uns des Gedankens nicht erwehren,
daß auch in seinem Leben und geistigen Wirken so manches
anders geworden wäre. Welchen Einfluß sie jedoch auf seine
geistige und moralische Entwicklung gewonnen hätte, wenn sie
seine Lebensgefährtin geworden wäre, wollen wir hier un=
birührt lassen, weil wir überhaupt, nach dem was wir jetzt
von Göthes Leben wissen, zweifeln, daß die Macht Lillis über
ihn eine dauerhafte geblieben wäre.

Man ist wehmüthig berührt, wenn man Göthe von
seiner Liebe sprechen hört, mit dem Bewußtsein, daß die
schönsten, reinsten Bande, welche zwei edle Menschen verbinden
konnten, so willkürlich und gewaltsam zerrissen wurden; wer
könnte ohne tief ergriffen zu sein die Worte hören:

„Es war ein Zustand, von dem geschrieben steht:
ich schlafe, aber mein Herz wacht, die hellen wie die
dunkeln Stunden waren einander gleich, das Licht
des Tages konnte das Licht der Liebe nicht über=
scheinen und die Nacht wurde, durch den Glanz der
Neigung, zum hellsten Tage."

Er war so überselig, daß er nach dem in Offenbach
.

glücklich verlebten Geburtstag Lillis (23. Juni 1775)*) die ganze Nacht im Freien zubringt, sich auf eine Bank nieder=läßt und sinnend da verweilt, bis der Frühthau auf Lillis Blumen fällt und er ihren Wohnsitz von der heitersten Hoff=nungssonne beleuchtet sieht; er kehrte langsam in das Paradies zurück, das die noch Schlafende umgab.

Wie feierlich, wonnevoll ist noch alles an seinem Liebes=himmel; steigen auch manchmal kleine Wölkchen auf, so ver=mögen sie doch noch nicht seine Heiterkeit zu trüben.

Wir sehen ihn nun plötzlich auf eine ganz sonderbare Weise verlobt, die entschlossene Freundin Delph, wohl fühlend, daß ein so langes Zögern für das Verhältniß bedenklich sein würde, verlangt endlich die formelle Einwilligung der beider=seitigen Eltern und ruft theatralisch aus: nun gebt Euch die Hand!

Diese originelle, so lange hinausgeschobene Verlobung, können wir uns nur durch die Gemüthsstimmung Lillis er=klären, die nur langsam ihre Hand in die Seinige legte.

Sieht das nicht ganz aus als wäre Lilli mit bangen Ahnungen erfüllt, als zweifle sie, daß die stolze, hochstrebende Seele, die sie gefesselt hatte, auch wirklich ihr angehören könne und ihr nicht schmerzliche Enttäuschungen bereiten würde?

Es scheint uns nun von hohem Interesse, da wir Göthes Stimmung durch ihn selbst genau kennen, auch Lillis Empfin=

---

*) Tünzer glaubt, es sei ein Irrthum Göthes, wenn er für dieses Fest den 23. Juni bezeichnet, es müsse später gefeiert worden sein; weil Göthe schon an dem Tage in der Schweiz war, wir nehmen das an, doch ließen wir den Tag, den Göthe angiebt, in unserer Erzählung auch stehen, weil es durchaus keine Wichtigkeit ist und im Ganzen kein Widerspruch daraus hervorgehen kann.

bungen während des ganzen Verhältnisses, etwas näher zu erforschen.

„Selten", sagt Jügel*), der Neffe Lillis und Autor des Puppenhauses, „hat ein kaum sechzehnjähriges Mäd=chen einen größeren Triumph ihrer Reize gefeiert, wie es Lilli sich rühmen konnte, als sie eine so ge= waltige Genialität zu ihren Füßen sah."

Wie anziehend, meint er, müßte es nicht sein zu er= fahren, was sich in des zarten Mädchens Seele bewegte, im Augenblick, da Göthe, sich seiner Gefangenschaft in den Rosen= banden der Liebe bewußt werdend, das so bezeichnende Gedicht:

Herz mein Herz was soll das geben?
Was bedränget dich so sehr,

niederschrieb. Auch die gewaltsame Trennung und ihre Schmerzensklänge im Herzen Lillis, möchte Jügel näher kennen lernen, denn, sagt er, würde uns das alles mit der= selben Offenheit dargelegt, wie uns Göthe von seiner Seite die ihn berührenden Empfindungen geschildert, so würden gewiß die psychologischen Ausbeutungen des großen Dichters in sehr interessanter Weise be= reichert.

Ohne darauf Anspruch zu machen, dem Wunsche Jügels, den unsere Leser auch wohl theilen werden, vollkommen ent= sprechen zu können, glauben wir doch durch die Verhältnisse

---

*) Jügel, Schwiegersohn von Lillis ältestem Bruder, hat in seinem sonst etwas weitschweifigen Buche über die Frankfurter Gesellschaft jener Zeit, doch über Lillis Verhältniß zu Göthe, das Beste und Wahrste ge= liefert von allem, was bis jetzt darüber erschienen ist. Das Buch ist wenig verbreitet und blieb unbemerkt, weil es sich zu sehr bei Kleinig= keiten aufhält.

in die Lage versetzt zu sein, über das Gewünschte einigen Aufschluß zu geben.

Wenn durch Göthes Worte und Lieder ein glänzender Strahl des Lichtes auf Lilli gefallen ist, so können wir jetzt die liebliche Erscheinung, durch ihren edlen Sohn H. Friederich von Türckheim (unsern unvergeßlichen Schwiegervater) und durch ihre in vielen Charakterzügen ihr sehr ähnliche Tochter näher kennen lernen.

Auch liegen uns viele Briefe Lillis vor, in welchen zwar nicht mit einem Wort Göthe gedacht wird, die aber ihre ganze Seele und ihren vortrefflichen Charakter kennzeichnen.

Wir müssen unsere geneigten Leser um Entschuldigung bitten, wenn wir hier einen Augenblick von uns selbst sprechen, es wird nämlich vieles nur verständlich durch die intimen Beziehungen, in welchen wir zu Lillis ganzer Familie stehen und von frühester Kindheit standen.

Als wir im Jahr 1832 der glückliche Bräutigam ihrer Enkelin wurden, hörten wir viel von Göthes Verhältniß zur Großmutter sprechen; schalkhafte Freunde und Verwandte neckten uns oft mit der Bemerkung: es wäre zu wünschen, daß wir weniger berühmt als der große Dichter, aber desto standhafter in der Liebe werden möchten.

Von hohem Interesse war es natürlich, mit der verständnißvollen Braut, in Dichtung und Wahrheit durchzulesen was Göthe uns so lebendig und ergreifend über sein kurzes Liebesdrama erzählt, und niemand konnte wohl innigeren Antheil daran empfinden als der welcher in der lieblichen Braut das Ebenbild Lillis, bei jedem Worte, erkennen wollte.

Die Eindrücke jedoch, die wir von dieser Lektüre erhielten, waren sehr verschieden, es war als ob die Braut, wie

Lilli, zurückhaltender, nüchterner urtheilte; während ich mich
ganz dem schwärmerischen Gefühl Göthes anschloß.

Da er oft des Leichtsinns und des Wankelmuthes be=
schuldigt wurde, mußte ich ihn stets in Schutz nehmen, schwer
wurde es mir jedoch, über sein scheinbar so leichtes Verzichten
auf Lilli genügenden Bescheid zu geben, und verstummen
mußte ich, wenn die Braut mich fragte: Hättest du denn gleich=
falls, wie Göthe Lilli, mich aufgegeben?

Da nahm ich meine Zuflucht zur lieben verständigen
Tante und suchte durch sie den Schleier zu lüften, der für
mich, wie für alle Andern, auf dem Verhältniß ruhte.

Die Tochter Lillis, nüchtern und billig in ihrem Ur=
theil, vertheidigte oft Göthe gegen leidenschaftliche Angriffe
und sagte gewöhnlich: man dürfe Göthe nicht mit einem an=
dern, wenn auch noch so ausgezeichneten, Liebhaber vergleichen,
weil sich eine Welt von Ideen und Gefühlen in ihm bewegten
und er mehr dem Genius, der ihn beherrschte, als sich selbst
angehörte.

Als ich einst allein mit ihr über Dichtung und Wahr=
heit zu sprechen kam, gieng sie vertraulicher in ˙den Gegen=
stand der uns berührte ein und gab mir Aufschlüsse, die ich,
weil das Gespräch französisch geführt wurde, auch, um wort=
getreu bleiben zu können, in dieser Sprache hier wieder=
geben muß:

Il est bon, mon ami, sagte sie, que vous ayez lu ce livre
avec votre chère fiancée, il vous en restera certainement
une impression heureuse, pour le souvenir à garder à
votre digne grandmère, si vous savez dégager la vérité
de la fiction.

Dans les mémoires de Goethe (que ma mère n'a
heureusement jamais connus, car ils lui eussent causé

une douloureuse surprise) il y a bien des choses inéxactes
qui tendent à jeter sur la noble figure de Lilli une ombre
incertaine de legéreté et de coquetterie dont sa nature
simple et droite fut toujours éxempte.

Rien de plus vrai et de plus naturel que ce char-
mant caractère et nul reproche n'est plus mal fondé que
celui qui lui a été fait de s'être, pour ainsi dire, joué de
la passion du grand poéte, pour exciter sa jalousie, et
d'avoir sacrifié plutôt au desir de briller qu'elle ne cédait
au penchant de son coeur.

Par quelques paroles semeés dans le tableau de sa
vive passion pour Lilli, Goethe insinue adroitement que
sa jeune fiancée avait un penchant naturel pour la coquetterie, que dans un moment d'epanchement elle lui
en aurait fait le naif aveu, en ajoutant, que, tout aussi
habile à captiver que disposée à quitter sa conquête
(eine gewiſſe natürliche Gabe zum Anziehen, verbunden mit
einer gewiſſen Eigenſchaft fahren zu laſſen) elle avait voulu
essayer ce don de séduire sur lui et s'en était trouvée
punie, prise elle-même dans le lacs qu'elle avait tendus.

On ne saurait mieux peindre la coquette, sans lui
porter une atteinte trop grossière, mais l'effet de ces
paroles, écrites bien longtems après la mort de ma
mère, a été de répandre sur elle des idées complètement
erronnées.

Un autre passage, où Goethe insinue qu'il a été
abandonné par maman, est le suivant:

„Il est dans la nature même des choses que la jeune
fille se résigne plutôt que le jeune homme, car les
aimables filles de Pandore ont reçu le don si enviable
de plaire et de séduire et, soit par instinct, soit par

l'effet d'une intention coupable plutôt que par inclination de coeur, elles rassemblent autour d'elles la foule de leurs adorateurs au point d'être effrayées de la quantité qui s'en présente." Tout cela est fort joli, cela peut être spirituel, mais c'est complètement faux à l'égard de ma mère et tous ceux qui l'ont connue ont souri en lisant ces phrases.

La vérité est que maman aimait Goethe de toutes les forces de sa belle âme et avec cette admiration pleine d'enthousiasme qu'elle éprouvait pour tout ce qui est noble et élevé, mais comme l'amour est aveugle, long-tems elle n'a vu dans Goethe que son génie, ses qualités aimables et son attachement pour elle.

La jalousie de son amant, sa mauvaise humeur dans le monde qui en était la suite, sa singulière sauvagerie, ses emportements mêmes, elle supportait tout avec la patience d'un ange et parvenait, en redoublant de soins affectueux, à lui rendre moins pénible l'insupportable contrainte qu'il éprouvait dans un milieu qui n'était pas le sien.

Cependant elle ne pouvait, pour complaire à son. fiancé, se séquestrer du monde, ni se soustraire aux exigences que lui imposait sa position de fille unique d'une maison où la représentation était considérée comme un devoir.

Ces contrariétés dont Goethe ne sût jamais s'affranchir entièrement, ni même en prendre son parti en philosophe, réagirent bientôt sur son entourage qui déjà n'était pas très favorable à son union; toute sa famille commença à se liguer contre ses projets et à les miner peu à peu, la famille de ma mère, voyant ces dispositions hostiles, ne pouvant à la longue s'expliquer les singularités du grand homme, et, fatiguée de subir ses caprices, fit de son coté tous ses efforts pour rompre une union qui semblait si peu conforme aux intérêts comme aux gouts des deux maisons et qui, en outre, ne paraissait pas présenter les garanties de bonheur réciproque que l'on avait d'abord esperées.

Tout se conjurait donc pour séparer deux êtres qui s'aimaient d'un amour sincère et qui semblaient comme faits l'un pour l'autre; eux seuls restaient fermes et luttaient contre tous les obstacles dont la route de l'amour se hérissait de plus en plus pour eux. Goethe fut cependant ébranlé le premier, tout dans son récit peint l'embarras, l'ennui, l'angoisse dont il se sentait obsédé; quelque delicieux que lui apparût l'objet de sa tendresse, irrésistiblement attiré, il s'en éloignait cependant, poussé par la crainte de se lier pour toujours.

Dans cette situation fort pénible pour les deux amants, Lilli se cramponna avec une rare fermeté à son idéal qui était l'union avec Goethe, et lorsque déjà la rupture était décidée entre les deux familles, que Goethe lui-même semblait découragé, il puisait de nouvelles forces et de nouvelles espérances dans le regard à la fois si ferme et si doux de la personne qu'il chérissait d'un si ardent amour.

Pour faire céder enfin cette tenacité à toute épreuve on prépara ma mère peu à peu à une séparation imminente et on lui révéla enfin la liaison antérieure de Goethe avec Fréderique de Sesenheim.

Ce fut le coup de grâce porté, je ne dirai pas à son amour, car il survécut même à cette douleur, mais

à son courage de résister plus longtems aux volontés
de sa famille.

Ma mère se résigna avec la même fermeté de cœur
qu'elle avait mise à défendre son amour, mais son re-
noncement fut suivi d'une douleur dont Dieu seul a pu
savoir la profondeur.

Vous comprenez maintenant tout, mon cher ami,
et je n'ai pas besoin d'ajouter que les deux amants
furent également à plaindre comme ils sont tous deux
dignes de toutes les sympathies. Tous deux ont souffert
cruellement du déchirement de liens . si doux, qu'un
amour sincère avait fait naître et qu'un destin hostile
venait rompre au moment même où ils semblaient
atteindre au comble du bonheur.

Par une narration plus simple et plus vraie *Dichtung und Wahrheit* n'eût rien perdu de son charme et
l'immortel poète aurait ajouté un fleuron de plus à sa
couronne de gloire en avouant généreusement l'une des
plus grandes fautes de sa jeunesse, son amour-propre a
cru devoir jeter une vague incertitude sur le vrai motif
de sa séparation d'avec ma mère et tout son récit,
comme la longue hésitation à le publier, se ressentent
de l'inextricable embarras dans lequel il s'est trouvé
placé en ne pas disant toute la verité."

Ja, jetzt begriff ich Alles und das Dunkle in Dichtung
und Wahrheit verschwand vor meinen Augen, um dem hellen
Lichte Platz zu machen.

Doch greifen wir nicht vor, untersuchen wir vielmehr,
ob durch Göthes eigene Geständnisse und Auslassungen die
Erklärungen der Tochter Lillis nicht zum größten Theil ihre
Bestätigung finden.

Hören wir ihn an, wenn sein sonderbares Eifersuchts=
gefühl in folgenden Worten zum fast komischen Ausbruch kommt:
„Aber was ereignete sich? die Messe kam heran und so
erschien der Schwarm jener Gespenster in ihrer Wirklichkeit,
alle Handelsfreunde des bedeutenden Hauses kamen nach und
nach heran, und es offenbarte sich schnell, daß keiner einen
gewissen Antheil an der liebenswürdigen Tochter aufgeben
wollte, noch konnte: die Jüngern, ohne zudringlich zu sein,
erschienen doch als Wohlbekannte, die Mittlern mit einem
verbindlichen Anstand, wie solche, die sich beliebt machen
wollten und allenfalls mit höheren Ansprüchen hervortreten
möchten. Es waren schöne Männer darunter, mit dem Be=
hagen eines gründlichen Wohlstandes. Nun aber die alten
Herrn waren ganz unerträglich, mit ihren Onkelsmanieren, die
ihre Hände nicht im Zaum hielten und, bei widerwärtigem
Tätscheln, sogar manchmal einen Kuß verlangten, dem die
Wange nicht wohl versagt werden konnte. Aber unter diesem
Zudrang versäumte sie den Freund nicht, und wenn sie sich
zu ihm wendete, so wußte sie mit Wenigem das Zarteste zu
sagen, was der gegenseitigen Lage geeignet schien.

Doch wenden wir uns von dieser, noch in der Erinne=
rung beinahe unerträglichen Qual, zur Poesie u. s. w."

Schildert das nicht auf die gutmüthigste Weise die Lage,
in welcher Göthe sich so unbehaglich fühlt, man sieht ihn
mürrisch abseits stehn, mit umwölkter Stirn, verdrossen in
diesem ihm widerwärtigen Element, jeden Augenblick nach
dem Hut schielend, um ins Freie zu entkommen, während Lilli
ihn mit ihrem lieben Blick und ein Paar zauberischen Worten
begütigend, zu seinem Jammer wieder an die Stelle bannt.*)

---

*) Das sind wohl die paar Künste, von welchen H. Grimm sprechen
wollte.

Solche Scenen wiederholten sich oft, er beschreibt seinen
Unmuth darüber in mancherlei Weise, namentlich in dem
Gedicht Lillis Park, wo das zudringliche Geflügel, an welchem
die Herrin ihre Gunst verschwendet, während er als Bär im
Busche mürrisch kauert, mit jenen ungemüthlichen Salon-
gespenstern verglichen wird.

Auch in Briefen an Auguste Stollberg klagt er jämmer-
lich über seine Pein und in nachfolgenden Worten giebt er
seinem Aerger über den Gesellschaftszwang vollen Lauf:

> Bin ichs noch den du bei so viel Lichtern
> An dem Spieltisch hältst?
> Oft so unerträglichen Gesichtern
> Gegenüber stellst?
>
> Reizender ist mir des Frühlings Blüthe
> Nun nicht auf der Flur,
> Wo du Engel bist ist Lieb' und Güte,
> Wo du bist Natur.

Also läßt er hier nicht gerade an Lilli seinen Groll
aus, sie bleibt ihm auch in der Salonathmosphäre die liebliche, natürliche Blume, allein die Verstimmung und Gereizt-
heit Göthes mußte die Feinfühlende doch mitempfinden, indem
sie in steter Sorge um ihn lebte.

Man muß übrigens, um gerecht zu sein, gestehen, daß
der verlängerte Brautstand, welcher die Liebenden öfters in
die steife Welt führt, wo sie ihren Gefühlen einen lästigen
Zwang auflegen, ein unerträglicher werden kann und, für den
ohnehin schon so reizbaren Göthe, es werden mußte.

Deßhalb ergreift er mit Freude die Gelegenheit der
Schweizerreise, mit Stollbergs, um zu sehen, wie er sagt, ob
er Lilli entbehren könne.

Mit einiger Andeutung, doch ohne Abschied,
trennte ich mich von ihr, sie war mir so ins Herz
gewachsen, daß ich mich gar nicht von ihr zu trennen
glaubte.*)

Die abrathende, Lilli nicht geneigte Schwester, hat er
gesehn, sie beredet ihn auf's neue, seine Wahl sei ganz un=
passend, er müsse sich von ihr trennen.

Versprechen konnte ich nichts, sagt er, obgleich
ich gestehen mußte, sie habe mich überzeugt.
Ach welches Räthsel ist doch dieses Götheherz! so schnell
ist er von dem allergrausamsten, was einem Liebenden wider=
fahren kann, von der Nothwendigkeit der Trennung, überzeugt?

Es wäre nicht glaublich, wenn wir ihn nicht schon
früher gekannt hätten und in seinen früheren Liebesverhält=
nissen nicht dieselbe Erscheinung vor uns stünde.

Gretchen hat man mir genommen, Annette hat sich
von mir gewandt und hier bin ich zum ersten mal
schuldig, ruft er aus, als Friederikens Abschiedsbrief vor
ihm liegt; und doch, wie er in aufrichtiger Liebe an Friederike
geschrieben:

Schicksal segne diese Triebe,
Laß mich ihr und laß sie mein,
Laß das Leben unsrer Liebe
Doch kein Rosenleben sein!
Mädchen, das wie ich empfindet,
Reich' mir deine liebe Hand,
Und das Band das uns verbindet,
Sei kein schwaches Rosenband!

---

*) Deutlich geht schon aus diesen Worten hervor, wie Göthes
Herz bedeutend kälter geworden ist. Schon hat man auf Beide Liebende
heftig eingewirkt.

ebenso aufrichtig schreibt er im Augenblick wo schon sozusagen
die Trennung von Lilli beschlossene Sache war:

> Wenn ich, liebe Lilli, dich nicht liebte,
> Welche Wonne gäb mir dieser Blick,
> Und doch wenn ich Lilli dich nicht liebte,
> Wär, was wär mein Glück?

Sicher ist auch kein Schein von Heuchelei und Falsch=
heit in diesen Worten, aber welche unbegreifliche Gabe zu
Fassen und dann wieder fahren zu lassen! ja eine all=
umschlingende Kraft zu empfinden und, über alles sich dann
emporringend, immer wieder neue Liebe in sich aufzunehmen,
ohne daß die Aeltere dadurch ganz verdrängt wäre.

Das sagt er uns offen, wenn er von Lotten zu Maxi=
miliane übergehend, schreibt:

„Es ist eine sehr angenehme Empfindung, wenn sich eine
neue Leidenschaft in uns zu regen anfängt, ehe die alte noch
ganz verklungen ist. So sieht man bei untergehender Sonne
gern auf der entgegengesetzten Seite den Mond aufgehn und
erfreut sich an dem Doppelglanze der beiden Himmelslichter."

Lag diese Gewalt zu lieben und dieß Bedürfniß, den
Gegenstand der Liebe oft zu wechseln, allein in den Herzens=
anlagen Göthes, oder ist sie nicht vielmehr die Folge seiner
geistigen Tendenz?

Wir glauben das Letztere annehmen zu müssen, damit
der große Dichter uns nicht als eine Seele ohne Tiefe und
innern Werth vorschwebe.

Schiller hält ihm seine geistige Richtung mit folgenden
Worten vor:

„Sie suchen das Nothwendige der Natur, aber Sie
suchen es auf dem schwersten Wege, vor welchem sich jede

schwächere Kraft wohl hüten würde. Sie nehmen die ganze
Natur zusammen, um über das Einzelne Licht zu bekommen,
in der Allheit ihrer Erscheinungsarten suchen Sie den Erklärungs=
grund für das Individuum auf; von der einfachen Organi=
sation steigen Sie, Schritt vor Schritt, zu der mehr ent=
wickelten, um endlich die verwickeltste von allen, den Menschen
genetisch aus den Materialien des ganzen Naturgebäudes zu
erbauen. Dadurch, daß Sie ihn der Natur gleichsam nach=
geschaffen, suchen Sie in seine verborgene Technik einzubringen,
— eine große und wahrhaft heldenmäßige Idee, Sie können
niemals gehofft haben, daß Ihr Leben zu einem solchen Ziele
zureichen werde, aber einen solchen Weg auch nur einzuschlagen,
ist mehr werth, als jeden andern zu endigen u. s. w."

Ein Mann mit einer so gewaltigen Geistesrichtung konnte
unmöglich die Liebe als einen bleibenden Anhaltspunkt im
Leben festhalten, er mußte auch in seinen Gefühlen über die
Grenzen des Gewöhnlichen ausschweifen und das Vereinigen
derselben auf einen einzigen Gegenstand mußte ihm nach und
nach unmöglich werden. Doch seine Empfindungen verfliegen
nicht so schnell wie er sie in sich aufnimmt, nein, er wandelt
sie um, sie erhalten im Reich der Fantasie andere Gestalt, der
schaffende Geist scheint bei ihm beharrlicher als das Herz, die
Kunst entschädigt ihn für den Verlust der Liebe und wir er=
halten jene herrlichen Schöpfungen, deren lautres, üppig
warmes Hervorquellen der Natur selbst zu entspringen scheint
und deßwegen uns so tief ergreift, wie die fernste Nachwelt
noch davon entzückt und ergriffen sein wird. Daß er aber in
der Seele die Eindrücke zu bewahren wußte, beweisen uns die
Worte, mit welchen er den Eindruck schildert den ihm das
Wiedersehn mit Lilli in Straßburg hinterlassen hat.

„Die schöne Empfindung, die mich beim Abschied von

ihr begleitete, kann ich nicht sagen! So prosaisch ich nun zu
diesen Menschen stehe, so ist doch in dem Gefühl von durch=
gehendem, reinen Wohlwollen, und wie ich diesen Weg her
gleichsam einen Rosenkranz der treuesten, bewährtesten, un=
auslöschlichsten Freundschaft abgebetet habe, eine reine ätherische
Wollust. Ungetrübt von einer beschränkten Leidenschaft treten
nun in meine Seele die Verhältnisse zu den Menschen, die
bleibend sind. Meine entfernten Freunde und ihr Schicksal
liegen nun vor mir, wie ein Land, in dessen Gegenden man
von einem hohen Berge oder im Vogelfluge sieht."

Bei Lilli war das Gegentheil der Fall; sie wollte nicht
was sie liebte von ferne und aus der Vogelschau betrachten;
was ihr Herz ergriff, wollte sie, nachdem sie es geprüft, ewig
fest halten; wir werden bald sehen, daß diese beharrliche Aus=
dauer und das innige Anklammern an alles, was ihr theuer
war, die Hauptgrundzüge ihres edlen Charakters bildeten.

Doch ehe wir uns allein mit Lilli beschäftigen, sind wir
verpflichtet noch zu betrachten, welchen schweren Kampf Göthe
zu kämpfen hatte, bis er zu einem Entschluß kam.

Auf der Reise in die Schweiz giebt er sich zwar ganz
dem hohen Genuß der Natur hin, er bewundert und genießt
die mächtigen Naturerscheinungen mit staunenswerther Seelen=
ruhe und wie einer, an dessen Geist schon alles vorüber=
gegangen ist, was sich vor seinem entzückten Auge jetzt in
Wirklichkeit entrollt.

Am Busen der Natur sucht er die Ruhe, die ihn ver=
lassen:

Und frische Nahrung, neues Blut,
Saug' ich aus freier Welt,
Wie ist Natur so hold und gut
Die mich am Busen hält,

Die Welle wieget unſern Kahn
In Rudertakt hinauf,
Und Berge, wolkig, himmelan,
Begegnen unſerm Lauf.

Wie ruhevoll ſind nicht dieſe Worte! Doch plötzlich
ſtört ihn Lillis Bild, und er ruft aus:

Aug', mein Aug', was ſinkſt du nieder?
Gold'ne Träume kommt ihr wieder?
Weg du Traum! ſo Gold du biſt,
Hier auch Lieb' und Leben iſt!

Er möchte fliehen und kann doch nicht: Italien liegt vor
ihm, das herrliche Italien iſt keine Tagreiſe entfernt, Stoll=
berg drängt ihn den Sprung hinunter zu wagen, der Lago
Maggiore, die Boromeiſchen Inſeln, Como, Mailand, die
glänzende Erde, der blaue Himmel, alles ruft und lockt, um=
ſonſt, der Vogel iſt nicht mehr frei, er hat ſchon je=
mand angehört:

Angedenken du verklungener Freude
Das ich noch am Halſe trage
Hältſt du länger als das Seelenband uns beide?
Verlängerſt du der Liebe kurze Tage?

Dieſe Worte ſingt er gerade an der Grenze Italiens
und kehrt mit zerriſſenem Herzen in die Heimath zurück.

Lilli auch hat ein betrübtes Herz, aber ſie erwartet ihn
mit Sehnſucht, denn noch iſt ſie nicht erſchüttert, mitten im
Strom der imaginären Hinderniſſe, die man gegen ihre Ver=
bindung aufſtauet, bleibt ſie feſt und erklärt ſie würde ihm
ſogar bis nach Amerika folgen, wenn ſich in der Heimath die
Verhältniſſe nicht nach ſeinem Wunſch geſtalten ſollten.

Göthe aber, von allen Seiten her bestürmt, ist in der peinlichst schwankenden Lage, die man sich nur denken mag.

Es wurde ihm versichert, man habe Lilli vollkommen überzeugt, sie müsse sich von ihm trennen und das sei jetzt um so thunlicher, weil er ja selbst, durch seine ganz willkühr= liche Abwesenheit, sich genügsam erklärt habe. „Es war ein verwünschter Zustand, ruft er aus, der sich in einem gewissen Sinne dem Hades, dem Zusammensein jener glücklich=unglück= lichen Abgeschiedenen, verglich; Es waren Augenblicke, wo die vergangenen Tage sich wieder herzustellen schienen, aber gleich wie wetterleuchtende Gespenster verschwanden."

Noch drastischer schildert er diesen Seelenzustand in ver= schiedenen Briefen an Auguste Stollberg, seine Worte sind zu charakteristisch, als daß wir sie hier nicht anführen sollten.

So schreibt er den 25. Juli 1771, also kaum einen Monat nachdem er den höchsten Gipfel des Glückes erreicht hatte:

„O daß ich alles sagen könnte! hier in dem Zimmer des Mädchens*), das mich unglücklich macht ohne ihre Schuld, mit der Seele eines Engels, dessen Tage ich trübe, ich! . . . . . u. s. w."

Wahrhaft verzweifelnd ist der Ausdruck seines Schmerzes in dem zweiten Brief an Auguste:

„Offenbach 17 Sept 1875, Der Tag ist leiblich stumpf vorübergegangen.

Da ich aufstund war mir wohl, ich machte eine Scene an meinem Faust, vergängelte ein paar Stunden, verliebelte ein paar mit einem Mädchen, davon dir die Brüder erzählen

---

*) Göthe hatte sich unbewußt und ungeheißen in das Zimmer Lillis verirrt, wurde vermißt und erregte nicht geringen Aerger bei Frau Schönemann durch sein scheinbar unzartes Eindringen.

mögen, daß ein seltsam Geschöpf ist, aß in Gesellschaft eines Dutzends guter Jungen, so gerad wie sie Gott erschaffen hat, fuhr dann auf dem Wasser herum, spielte ein paar Stunden Pharao, verträumte ein paar mit guten Menschen und nun sitze ich da bir gute Nacht zu sagen.

Mir war bei all dem wie einer Ratte, die Gift ge= fressen hatte, sie läuft in alle Löcher, schlürft alle Feuchtigkeit, verschlingt alles Eßbare, und ihr Innerstes glüht von unaus= löschlichem, verderblichem Feuer!

Heut vor acht Tagen war Lilli hier und in dieser Stunde war ich in der grausamst feierlich süßesten Lage meines Lebens, möcht' ich sagen, o Gustchen! warum kann ich nichts davon sagen? — warum? — Wie ich durch die glühendsten Träume Mond und Welt schaute, und mich alles seelenvoll umgab! — — Und in der Ferne Waldhörner und der Hoch= zeitsgäste laute Freude!"

Fühlen wir nicht in diesem heftigen, trostbedürftigen Ausbruch seines Kummers und in dem wie er selbst sagt, fast dämonischen Schmerz der Liebe, den er nicht los werden kann, daß Lilli unwiederbringlich für ihn verloren ist? Durch was, das er nicht sagen kann, hat er den Engel betrübt? Er, der diesen Engel so unaussprechlich liebt? O! ich fürchte, die alte gute Tante hat wahr gesprochen, ich fürchte, es ist zu spät und alle Hoffnung geschwunden!

Daß es wirklich zu spät ist um sich einer ernsten Hoff= nung hinzugeben, beweist uns der Brief vom 18. September an Auguste Stolberg, in welchem er sagt:

„Lilli heute nach Tisch gesehn — in der Komödie ge= sehn — hab' kein Wort mit ihr zu reden gehabt — auch nichts geredet. — Wär' ich das los! und doch zitt'r

ich vor dem Augenblick da sie mir gleichgiltig, ich hoffnungs=
los werden könnte."

Dann der Brief an Merk in denselben Tagen ge=
schrieben:

„Ich bin nun wieder garstig gestrandet, und möchte
mir tausend Ohrfeigen geben, daß ich nicht zum Teufel gieng
als ich noch flott war. Ich passe wieder auf eine Gelegen=
heit abzudrücken u. s. w."

Er spricht Merken um etwas Geld an im Fall er schnell
aufbrechen müsse, ach was treibt ihn doch für ein rastloser
Dämon von seinem Glücke weg?

Zu gleicher Zeit schreibt er an Lavater, ihm Lilli ans
Herz legend, ihn bittend sie zu trösten.

„Schicke ihr etwas in Versen um sie zu trösten, du
kannst es wenn du willst, u. s. w."

Lautet das nicht wie ein Vermächtniß? ja es treten
uns, unwillkührlich und trotz des großen Unterschiedes zwischen
beiden Frauengestalten, die Worte Egmonts vor die Seele,
wenn er Clärchen dem Ferdinand empfiehlt: „nun ich sie dir
empfehle, sterb' ich ruhig. Du bist ein edler Mann, ein Weib
das den findet ist geborgen."

Wie ist Göthe seinem Helden so ähnlich, wenn er nicht
wie dieser in den Tod geht, so fühlt er doch, daß er für
Lilli, von jetzt an, nicht mehr unter den Lebenden weilt.

Und doch in ihrer Nähe treten die Hoffnungen wieder
auf, neue Unsicherheiten bewegen ihn: in ihr allein
glaubt' ich, wußt' ich, lag eine Kraft die das alles
überwältigt hätte, welch schöneres Lob konnte er ihr im
Scheiden noch zurufen?

Allein was war denn das Alles was zu überwältigen
gewesen wäre? Thut uns nicht Göthe herzlich leid in seinem

peinlichen Schwanken, zwischen der unwiderstehlichen Neigung zu Lilli und den äußeren Abhaltungen? Wie beklagenswerth steht er vor uns, indem er sich abmüht Hauseinrichtungen, Existenzsorgen, Mißtöne der Umgebung und sonstiges vor= zuschützen, womit er die Trennung zu erklären sucht.

Klingt es nicht ganz eigenthümlich, wenn ein Göthe Aufstellung in einer Kanzlei oder Agentur der Stadt Frankfurt für sich in Aussicht stellt? Er kann doch nicht im Ernst daran denken den Hippogryphen in den Pflug zu spannen, und die juristische Agentur des Herrn Vaters hat er ja schon völlig satt bekommen.

Wie? ist Lilli nicht reich? ist sie nicht zu zart um je diesen Vorzug nur sich selbst zu gestehen? ist sie nicht lieb und anmuthig genug um den Vater Göthe, der sie eine Stats= dame nennt, vollkommen zu entwaffnen?

Die gute Schwester, mit ihren engherzigen, hypochondri= schen Zweifeln, wäre zu beschwichtigen gewesen und die Ohren= bläser hört man nicht an, wenn es gilt eine Lilli zu ge= winnen!

Und er! er selbst! ist er nicht wohlhabend, nicht un= abhängig? was fehlt ihm um der Erste unter den Ersten zu sein? hat er nicht ein mächtig Flügelpaar das ihn trägt? sind Erd' und Himmel nicht sein?

Doch, doch! es fehlt ihm nichts, als der feste Entschluß, das energische Durchgreifen, das leider nicht in seiner Natur liegt.

Sagt doch Schiller, in späteren Jahren, von ihm: leider ist Göthe durch falsche Begriffe über eheliches Glück und seine unselige Ehescheu in ein Verhältniß gerathen, welches ihn in seinem eigenen häuslichen Kreise drückt und unglücklich macht, und welches ab= zuschütteln er zu schwach und weichherzig ist.

Gerade so hat er auch hier nicht Energie genug das so
heiß gewünschte rasch vollends zu erobern; er giebt nach und
flüchtet sich wie gewöhnlich ins Reich der Dichtung, um seinen
Kummer zu vergessen. Acht volle Tage schließt er sich ein,
arbeitet an seinem Egmont rüstig fort und die leidenschaftliche
Stimmung, in welcher er sich befindet, kommt dem Stück, wie
er sagt, zu gut.

Und die arme Lilli, die keinen Egmont zu schreiben hat,
wie kann sie ihren tiefen, unheilbaren Schmerz besänftigen?
Ach! sie läßt rinnen der Thränen vergeblichen Lauf,
und ihr wecken die Thränen den Todten nicht auf!

Am Abend des neunten Tages, von der Arbeit müde,
will Göthe endlich freie Luft schöpfen, in den Mantel gehüllt
geht er zu Lillis Wohnung, und bleibt vor den Parterre-
fenstern stehn, der Saal ist beleuchtet, die Wachskerzen brennen
auf dem Piano, er spähet mit sehnsüchtigem Blick durch die
Gardinen, um wenigstens den Schattenriß der Geliebten zu
erhaschen! da klingen die Accorde des Klaviers und die
Engelsstimme Lillis singt das ihr gewidmete Lied: „Ach wie
ziehst du mich unwiderstehlich". Als die letzten Töne verklungen waren, sieht er am Schatten, der hin und her schwebt,
daß Lilli mit raschen Schritten auf und ab geht, und er stürzt
nicht hinein? wirft sich ihr nicht zu Füßen, alles Vergangene
vergessen zu machen?

Nein, er geht, und das einzige Wort das er findet um
dies Weggehen zu entschuldigen ist: Welch ein Aufsehn
hätte mein Wiedererscheinen erregt!

O! wir wissen jetzt daß dieses Aufsehn das geringste
Hinderniß gewesen wäre, daß aber ein Abgrund zwischen
ihm und der Geliebten liegt, den er nicht zu überschreiten
vermag!

Das schöne Verhältniß ist also auf ewig gebrochen, auf eine zarte, doch für die Liebenden nicht minder schmerzliche Weise, wurde es gelöst; wir können diese Lösung, was Göthe betrifft, nur den von ihm selbst verschuldeten Schiffbruch seiner Liebe nennen, und wir empfinden mit ihm, wenn er sagt:

> Ihr verblühet süße Rosen
> Meine Liebe trug euch nicht,
> Blühet, ach! dem Hoffnungslosen,
> Dem der Gram die Seele bricht!

Nun bleibt uns zu untersuchen, ob Lilli wirklich eine jener Töchter Pandorens war, die, halb frevelnd, halb schuldlos, den Schwall der Verehrer an sich ziehen.

Ihr Leben wird gegen diese hingeworfenen Worte Protest einlegen.

Göthe geht nun nach Weimar und wir wissen, in welchem leichtfertigen Strudel von Zerstreuungen, die ihm Klopstocks herben Tadel zuziehen, er seinen Kummer zu vergessen sucht.

Einige Nachklänge seiner Liebe tönen noch herüber:

> Holde Lilli, warst so lang
> All meine Lust und all mein Sang,
> Bist ach! nun all mein Schmerz und doch
> All mein Sang bist du noch!

Wie holder würde klingen:

> All mein Lieben bist du noch!

Von Weimar aus schickt er noch an Lilli seine anfangs 1776 erschienene Stella mit folgender Widmung:

> Im holden Thal, auf schneebedeckten Höhen
> War stets dein Bild mir nah,
> Ich sah's um mich in lichten Wolken wehen,
> Im Herzen war mir's da!

Empfinde hier, wie mit allmächt'gem Triebe
Ein Herz das Andere zieht
Und daß vergebens Liebe
Vor Liebe flieht!

Im Nachtlied des Jägers feiert er nochmals herrlich
die Geliebte:

Im Felde schleich' ich still und wild,
Gespannt mein Feuerrohr,
Da schwebt so licht dein liebes Bild,
Dein süßes Bild mir vor.

Dann noch ein letztes Andenken, das nicht ohne Bitter=
keit ist:

Gehab dich wohl, bei den hundert Lichtern,
Die dich umglänzen,
Und all' den Gesichtern,
Die dich umschwänzen,
Und umkredenzen,
Find'st doch nur wahre Freud' und Ruh'
Bei Seelen grad und treu wie du!

Diese Ruhe fand die schwer Gebeugte erst nach herbem
Prüfungsschmerz und nach zwei Leidensjahren, während welchen
ihre, durch all zu große Gemüthsbewegungen erschütterte Ge=
sundheit, die äußerste Besorgniß erregte. Allein sie fand sie
dennoch endlich an der Seite eines Mannes, der in seinem
Leben nur eine Liebe gehabt und diese seiner Lilli, in un=
verbrüchlicher Treue bis zum Grabe bewährt hat.

„Denken die Himmlischen
Einem der Erdgeborenen
Viele Verwirrungen zu,
Und bereiten sie ihm,
Von der Freude zu Schmerzen
Und von Schmerzen zur Freude
Tief erschütternden Uebergang,

Dann erziehen sie ihm
In der Nähe der Stadt
Oder am fernen Gestade,
Daß in Stunden der Noth
Auch die Hülfe bereit sei,
Einen ruhigen Freund."*)

Dieser ruhige Freund erschien Lilli in Bernhard Friedrich
von Türckheim, geboren zu Straßburg den 3. November 1752.
Er war der Sohn eines wohlhabenden und angesehenen Ban=
quiers, welcher mit streng bürgerlichen Gesinnungen der deut=
schen Sache von Herzen, aber besonders seiner Vaterstadt, die
er stets als freie Reichsstadt betrachtete, mit schwärmerischer
Liebe ergeben war.

Seine beiden Söhne, Johann und Bernhard Friederich,
erzog er in denselben Gesinnungen und theilte beiden seinen
edlen Trieb mit, das öffentliche Wohl stets dem eigenen
Interesse bis zur äußersten Selbstverläugnung vorzuziehen.

Der ältere Sohn, Johann, widmete sich der Diplomatie
und machte in Deutschland, nachdem er aus dem Elsaß durch
die Revolution vertrieben und verbannt worden, eine glänzende
Karriere.

Bernhard Friedrich, Lillis Gatte, mußte dem Willen des
Vaters gehorchend, sich dem kaufmännischen Berufe widmen;
nach vollendeten Studien und mit reichen, vielseitigen Kennt=
nissen ausgestattet, übernahm er im Jahr 1776 die Leitung
des bedeutenden Handelshauses in Straßburg.

Die Richtung seines edeln Geistes ließ ihn stets die
öffentlichen Aemter, welchen er vorstand, unentgeltlich ver=
walten, ohne daß er einen andern Ehrgeiz gekannt hätte, als
den des Wohlthuns.

---

*) Göthe's Iphigenie.

In der Schule Neckers erzogen und mit dessen Grund=
sätzen und politischen Meinungen vollkommen einverstanden,
war er in Straßburg vor der Revolution ein warmer Ver=
theidiger der rein konstitutionellen Grundsätze und blieb auch
denselben bis ans Ende treu. ·

Wir können diesen edlen, menschenfreundlichen Charakter
nicht besser kennzeichnen als mit einigen Worten, die wir dem
Tagebuche seines ältesten Sohnes Fritz von Türckheim (unsers
geliebten Schwiegervaters) entnehmen:

„Ich sah meinen edlen Vater (schreibt er im Jahr 1830)
zweimal in der Bedrängniß und Armuth mit mehr Liebe
und Ehrfurcht umgeben als in den Tagen seines höchsten
Glückes, ich sah meiner anbetungswürdigen Mutter nie mehr
Zuneigung und Verehrung gewidmet, als in den Tagen ihrer
grausamen Prüfungen. Das Andenken meines Vaters, seine
patriotische Hingebung, der Muth, mit welchem er die gefahr=
volle Stelle als Maire der Stadt Straßburg im Jahr 1793
angenommen, seine Verbannung in der Schreckenszeit, die all=
gemeine Sympathie, mit welcher man ihm bei seiner Rückkehr
entgegen kam, und ihm unter die Arme griff, die Liebe seiner
Mitbürger, die ihn zu allen öffentlichen hohen Stellen ohne
Unterlaß berief, das alles prägte sich so glühend in meine
Seele, daß mein einziger Wunsch, ja das Ideal meines Lebens
war, seinem Beispiele zu folgen:

Wie er, wollte ich der Mann meiner Vaterstadt werden,
als rein Elsäßischer Patriot, nützlich und geschätzt, wollte ich,
wie er, nicht Ruhm noch Reichthum erwerben (von frühester
Jugend an hatte ich ja erkannt, daß darin das Glück nicht
besteht), sondern mein ganzes Streben gieng nur da hinaus,
meinen Mitbürgern nützlich zu werden und ihre Liebe zu ver=
dienen.“

Dieses Gelübbe, in der Jugend abgelegt, hat der eble Mann über alle Erwartung und zum Wohl seines Landes, erfüllen können.

Da es nun gewiß dem geneigten Leser lieb sein wird, ein vollständiges Bild des Mannes zu erhalten, der in Lillis Herz die Stelle des großen Dichters eingenommen hat, so glauben wir hier den Nachruf mittheilen zu dürfen, der Bern= hard Friedrich, nach seinem Ableben im Jahr 1831, von seinen Mitbürgern gewidmet wurde.

Wir geben diesen Nekrolog wie er den 12. Juli 1831 in allen öffentlichen Blättern des Elsaßes und in französischen Journalen erschien:

„Unsere Vaterstadt beweint den Verlust eines trefflichen Bürgers.

Baron Bernhard Friedrich von Türckheim, Offizier der Ehrenlegion, Großkreuz des Badischen Ordens der Treue, Präsident des protestantischen Generalconsistoriums und Direk= toriums, ist gestern um vier Uhr, im Alter von 79 Jahren, an einer Erkältung, die er sich beim Einzug des Königs (Louis Philippe) zuzog, gestorben.

Seine lange Laufbahn war die stete Ausübung der schönsten Tugenden, ein treues Hingeben seiner selbst im Dienste der Menschheit und des Vaterlandes.

Er hatte diejenigen Aemter alle bekleidet, zu welchen das öffentliche Vertrauen den Eifer, das Verdienst und die Selbstverläugnung berufen kann.

Als Mitglied des ersten Municipalrathes, im Jahr 1789, übernahm Türkheim die Leitung aller Hülfsanstalten.

Als Maire der Stadt Straßburg, in einem Augenblick wo die Freiheit keinen andern Feind hatte als die Anarchie, opferte er sich auf und mußte unterliegen.

Verfolgt, verbannt, vom Lande, das er heiß geliebt, vertrieben, wurde er nach wiederhergestellter Ordnung zurückgerufen, und befriedigte alle seine Gläubiger, während der größte Theil seines Vermögens von der Revolution verschlungen war; mit Hülfe seiner Mitbürger baute er seinen Wohlstand von neuem auf, ohne daß ihn die eigenen Geschäfte von seinem Wirken für das öffentliche Wohl abgehalten hätten.

Er war Mitglied der Handelskammer seit ihrer Entstehung, wie auch Generalrath des Niederrheines von Anbeginn dieser Institution; fünf mal wurde er zur Ehre berufen den Vorsitz in dieser Versammlung zu führen und verließ dieselbe erst im Jahr 1815 in Folge der legitimistischen Reaction.

Für den Conservativen Senat wurde er vorgeschlagen, als das Land zum ersten mal unter den Bourbonen wählen durfte.

Dreimal in die Kammer der Abgeordneten gewählt*), pflückte er jeden Lorbeer, den die öffentliche Achtung dem Talente und der Tugend verleihen kann.

Zu einer andern Zeit zum Badischen Finanzminister ernannt, im Augenblick wo er kaum seine eignen Angelegenheiten geordnet hatte, folgte er diesem ehrenvollen Rufe, in der Hoffnung auf diesem Posten das Gute in höherem Maße ausüben zu können, verließ ihn jedoch sobald er eingesehen hatte, daß es ihm, unter den damaligen politischen Umständen, ganz unmöglich geworden.**)

---

*) Im Jahr 1814 wurde er von den 3 Bezirken Straßburg, Zabern und Weißenburg gleichzeitig gewählt.

**) Napoléon trat auch in Baden als Despot auf, und Türckheim wollte Badischer Landesdiener sein.

Im hohen Alter bezeichnete er selbst die Grenze seiner
politischen Laufbahn, und widmete sich nur noch der Ver=
waltung der protestantischen Interessen; versöhnend, schlichtend,
die einen ermunternd, die andern zurückhaltend, beharrte er
in dieser Thätigkeit mit ununterbrochenem Eifer, bis an
seinen Tod, und wenn er je den Schmerz empfunden haben
sollte seine edlen reinen Absichten verkannt zu sehn, so kann
unser Nachruf seinen Schatten beruhigen, denn es wird ihm
allgemeine Anerkennung im vollen Maße zu Theil.

Das Andenken dieses wohlthätigen Biedermanns wird
unter uns ein gesegnetes bleiben, ewige Verehrung wird ihm
gezollt werden. Möge sein edles Leben und Wirken· allen
Männern, die dem Volke ihre Dienste widmen, als Beispiel
vorschweben."

Diese Worte sind um so werthvoller, da sie ein politi=
scher Gegner Türckheims niederschrieb.

Im Aeußeren war B. F. von Türckheim eine hohe,
schöne, würdevolle Gestalt, mit edlen Gesichtszügen und dem
Ausdruck eines geraden, offenen Wohlwollens; ohne glänzend
zu sein war sein Auftreten ein ruhig sicheres, von innerm
Werth getragenes; das Ernste in ihm war durch eine zuvor=
kommende Freundlichkeit gemildert, im hohen Alter noch hatte
er seine ganze Geistes = und Herzensfrische erhalten und zog
die Jugend wie das Alter durch seine heitere Liebenswürdig=
keit an.

Die ältesten Leute in Elsaß und Lothringen kannten
ihn nur unter dem Namen der Papa Türckheim, um ihn von
seinem Sohne Fritz, der dieselben öffentlichen Aemter· nach ihm
bekleidete, zu unterscheiden.

Das war der Mann, der im Jahr 1778, nachdem er

schonend abgewartet, bis ihr Herz genesen und ihre Gesund=
heit sich vollkommen erholt, um die Hand Lillis anhielt.

Jügel sagt: „ein Mann von so trefflichem Herzen, das
ihr stets erkennbarer, konnte nur den wohlthuendsten Eindruck
auf dies, kaum neues Vertrauen gewinnende Herz, machen;
Lillis Herz erstarkte nach und nach an dem festen und männ=
lichen Charakter und, nachdem alle Zweifel überwunden, leitete
die Verlobung mit Türckheim (den 9. August 1778) eine
der glücklichsten Ehen ein, die jemals zwei so edle und ein=
ander so werthe Herzen vereinigt hatte."

In der That fand Lilli eine Beruhigung darin, nach
so stürmischer Leidenschaft sich einer sanfteren Neigung nach
und nach hingeben zu dürfen, sie erkannte bald in Türckheims
ganzem Wesen, was sie an Göthe so schmerzlich vermißt hatte,
jene milde Besonnenheit, die den Ernst des Lebens erkennend,
nach einem bestimmten Ziele hinlenkt und eine sichere Zukunft
zu bereiten weiß.

So trat an die Stelle einer glühenden Leidenschaft eine
gegenseitige Sicherheit, eine Harmonie der Charaktere, Ge=
wohnheiten und Neigungen; die ein Band viel fester knüpfen
als jene.

Noch in demselben Jahr 1778 folgte Lilli ihrem Gatten
nach Straßburg und übernahm sogleich an seiner Seite die
Führung seines damals blühenden Hauses.

Von diesem Augenblick an erscheint sie uns, obgleich noch
von einem lieblichen Glanz umgeben, doch immer mehr als
diejenige Frau, von der man sagen konnte: sie ist die Tu=
gendhafteste, weil nicht von ihr gesprochen wird.

Wer Lilli damals, mit den Sorgen des großen Hauses
betraut, als emsige, tüchtige Hausfrau, im Kreise der patri=
archalischen Familie Türckheim, und umgeben von wenigen,

aber auserlesenen Freunden, gesehen hat, der hatte gewiß eine ganz andere Erscheinung vor sich, als die uns Dichtung und Wahrheit vorschweben läßt.

Lilli richtete ihr Hauswesen mit der größten Sorgfalt, aber auch mit Einfachheit ein, jeden unnöthigen Prunk ver= meidend zog sie eine solide, auf wahrem Confort beruhende Ausstattung, allem Aufsehn erregenden Flitter vor; ihr Haus wurde durch diese schöne taktvolle Einfachheit der passende Mittelpunkt für alle gebiegene Männer, die mit ihrem Gatten in geistiger oder geschäftlicher Beziehung standen.

Um ihren gastlich heitern Heerd wußte sie nicht nur die elegante Welt, worunter Fürsten und Feldherrn beider Nationen, sondern auch und mit Vorliebe die einheimischen Gelehrten, Denker und Künstler jener Zeit zu vereinigen.

Redslob, der geniale Freund (und später Erzieher ihrer Söhne), Hafner, der geistreiche Prediger, Blessig, Arnold (Autor des Pfingstmontags) Reiseissen, der menschenfreund= liche Arzt, der Historiker Koch, der Bildhauer Ohmacht und Güerin der ausgezeichnete Maler erschienen abwechselnd, oft auch vereint in ihren Abendzirkeln; da ruhete Türckheim in traulichem Gespräche von der Tagesarbeit aus, an der geist= reichen Gattin und der Freunde Unterhaltung sich lebhaft be= theiligend; nie wurde gespielt aber desto fleißiger musizirt, vorgelesen und gesprochen.

So brachte Lilli in heitern Verhältnissen und ungetrübtem häuslichen Glück das erste Dezennium ihrer Verbindung zu. Auch hatte sie die große Freude, ihren lieben Bruder, der sich am Geschäfte seines Schwagers betheiligte, in Straßburg zu besitzen.

In diesen Jahren, die zu den glücklichsten ihres Lebens

zählen, schenkte Lilli ihrem Gatten zuerst eine Tochter, die ihren Namen Elise erhielt, und dann vier Söhne.

Im September des Jahres 1779 besuchte sie Göthe auf seiner Durchreise in Straßburg und speiste mehrere male bei ihr und ihrer Mutter, die zufällig auf Besuch gegenwärtig war, Türckheim war leider abwesend und so traf sich's, daß die beiden Männer, die Lilli so nahe standen, sich nie von Angesicht zu Angesicht kennen lernten.

Die innigen Worte, die Göthe über dieses Wiedersehn in einem Brief an Frau von Stein niedergeschrieben, sind weiter oben schon angeführt worden, in Dichtung und Wahr=heit bezeugt er ebenfalls in warmen Worten seine Freude und die aufrichtigste Theilnahme an Lillis Glück und Wohlergehn.

Der freundlichste, von keiner peinlichen Rückerinnerung getrübte Empfang wurde ihm zu Theil und wir wissen, welche Freude Lilli selbst über diese unerwartete Erscheinung Göthes empfunden hat.

Ihren Kindern war sie die beste Mutter, sie besorgte alles, was dieselben betraf, mit eigener Hand, kleidete sie des Morgens, legte sie Abends zu Bette und überließ keine der kleinen Sorgen einer fremden Hand, wie sie auch jedes Kind an der treuen Brust gestillt hatte.

So gelangte die kleine Familie glücklich durch den ersten Abschnitt ihres Lebens, bis zu dem Jahr 1792.

Der politische Himmel trübte sich jedoch immer mehr, bis endlich auch über ihr ruhiges Stillleben das Ungewitter hereinbrach und sie, wie flüchtende Tauben, vom heimathlichen Heerde vertrieben wurden.

In diesem Jahr hatten aufrührerische Stürme das sonst so ruhige Straßburg heftig bewegt, Türckheim wurde zum Maire ernannt und bemühte sich, durch besonnene Festigkeit

die immer wachsende Aufregung zu besänftigen, allgemein ge=
achtet und geliebt, gelang es ihm in den ersten Monaten die
Ruhe und Eintracht zu erhalten.

Wir entnehmen einem Briefe Lillis an ihren Bruder,
der vor der nahenden Gefahr nach Frankfurt zurückgekehrt war,
einige Zeilen, welche jene Zeit aufs kräftigste schildern, und
uns von der Lage und Stimmung der Personen den besten
Begriff geben werden:

„Straßbourg, 6. Sept. 1792.

Leider kann ich dich, lieber Bruder, nur einen Schmerzens=
schrei vernehmen lassen: Wir sind hier entrüstet und entsetzt
zugleich über die neuen Ungeheuerlichkeiten der Hauptstadt,
und weinen über die Barbarei unseres Landes.

In Paris sind die Gefängnisse erstürmt, die unglück=
lichen Gefangenen darin grausam ermordet worden: die be=
gangenen Schandthaten sind kaum glaublich und man schau=
dert mit Ekel vor dem Bild, das davon entworfen wird,
zurück.

Die Mörder haben alle erdenklichen Grausamkeiten ver=
übt, sie behalten kaum in unsern Augen eine menschliche Ge=
stalt, wenn wir hören, was sie begangen haben:

Blutgierigen Tigern gleich warfen sie sich auf ihre un=
glücklichen Opfer, zerrissen dieselben und trieben Spott mit
ihren Leibern: in einer Kirche stachen sie 300 Priester und
arme Weiber nieder und warfen die Körper, Todte und Ver=
wundete durcheinander, über Haufen, die Worte brüllend: so
strafen wir die Verräther! Gott die Rache! u. s. w.

Solche Schändlichkeiten, lieber Bruder, sind begangen
worden; ich flehe Gott den Allmächtigen, den ich anbete, nicht
um Rache aber um Gerechtigkeit an u. s. w.“

Der Brief schließt mit einigen Worten über ihren Gatten.

„Jetzt ist mein lieber Mann auf seinem Wachtposten*), wie gerne hätte ich ihn da besucht, allein man ließ mich nicht zu ihm gelangen, glücklich bin ich, zu sehn, mit welch stand= haftem Muth er den gefahrvollen Umständen entgegen tritt und ihnen gewachsen ist; du kennst seine Meinung; er war stets der Freund des Bürgerthums und sein Patriotismus besteht hauptsächlich darin, daß er seine Mitbürger glücklich machen will und dazu giebt ihm jetzt seine Stellung die schönste Gelegenheit, er ist glücklich dadurch und nimmt seine Thätigkeit hin als eine Entschädigung für alle Sorgen und Gefahren.

Wir können heute kaum begreifen, daß alle redlichen Leute damals noch in der eitlen Hoffnung lebten, Recht und Freiheit müßten durchaus vor der rohen Gewalt bestehn, wenn gleich diese schon unaufhaltsam entfesselt war.

Schön und edel ist das Beispiel, welches die konsti= tutionelle, patriotisch gesinnte Partei der ganzen Menschheit gegeben hat, sie wollte nicht an den Untergang der öffent= lichen Ordnung glauben und hielt, für das was ihre Ueber= zeugung war, standhaft aus, bis zum Blutgerüste.

Wenige Monate nach Lilis Brief sollten, nach dem un= glücklichen Königspaar, die edelsten Söhne Frankreichs fallen und das schöne Land der fürchterlichsten Willkür preiß ge= geben sein.

So ist auch Lilli, nicht ahnend, daß schon auch über ihrem und des theuren Gatten Haupt das verhängnißvolle Beil der Guillotine schwebt, jetzt noch voller Zuversicht und

---

*) Wohl die Mairie.

stählt ihren Muth an dem reinen Gewissen und der Ent=
schlossenheit ihres Mannes.

Nicht von geringem Interesse ist es für uns, zu sehen,
wie Göthe in demselben Augenblick die Zeitumstände betrachtet
und dem anbrechenden Sturm entgegen sieht.
In seinen Arbeiten und Betrachtungen, durch die Klagen
und Schreckensrufe der flüchtenden Freunde und Verwandten
gestört, geht er nach Dresden, sieht sich die Kunstschätze an
und sagt: weil nun alles flüchtet und mit Hab und
Gut davon geht, bleibt mir nichts übrig als auch
mein Faß zu rollen.

Seine damaligen Dichtungen, die als Anspielungen auf
politischen Begebenheiten betrachtet werden können, wie der
Bürgergeneral und die Aufgeregten, von welchem letzten Stück
nur zwei Akte vollendet wurden, bezeugen alle, daß Göthes
Geist nicht von den Schrecknissen der Zeit erschüttert war,
daß er im Gegentheil sich fort und fort bemühete, das gräß=
liche in den Begebenheiten von seinem Gemüthe fernzuhalten.

Seine Seelenruhe verläßt ihn durchaus nicht in diesen
bewegten Zeiten; während Lilli mit ihrem Gatten, mitten im
Sturme, in der gefahrvollsten Lage, mit der Sorge um ihre
und der ihrigen Existenz zu kämpfen hat, weiß sich Göthe
über der irdischen erhaben, über alles hinwegzuheben, was
seinem Ideengange und seinem dichterischen Trachten un=
bequem ist.

Höchst bezeichnend sind die Worte, mit welchen er sich
vom wirklichen Gräuel der Menschheit ins Reich der Fantasie
flüchtet und selbst erklärt, daß er in dieser grausamen Zeit
an der Nachbildung von Reineke Fuchs eine Erholung sucht:
„Die Welt, sagt er, erschien mir blutdürstiger und
blutiger als jemals. Ein König wird auf Leben und Tod

angeklagt, da kommen Gedanken in Umlauf, Verhältnisse zur Sprache, welche für ewig zu beschwichtigen sich das Königthum eingesetzt hat. Aber auch aus diesem gräßlichen Unheil suchte ich mich zu retten, in dem ich die ganze Welt für nichts= würdig erklärte, wobei mir denn durch besondere Fügung Reinecke Fuchs in die Hände kam."

Es scheint, daß Göthe die französische Revolution da= mals noch nicht für das erkannt hatte, für was man sie doch schon als unabwendbar, verhängnißvoll halten mußte, für die grausame Sühne nemlich aller, von dem Königthum unter Ludwig XIV. und Ludwig XV. verübten Schändlichkeiten.

Jedenfalls ahnete er nicht, als er an Reinecke Fuchs ar= beitete und anfieng, mit Schiller in nähere Verbindung zu treten, daß seine Lilli, als Bäuerin verkleidet, wie das ärmste Weib, in ihrem ersten Vaterland, und nicht fern von ihm, eine Zufluchtsstätte suchen würde.

Türckheim, seines Amtes durch das Comité de salut public entsetzt und aus der Stadt Straßburg verbannt, zog sich schweigend auf ein kleines Gut zurück, welches er im Dorfe Poßdorf in Lothringen besaß.

Es wird dem freundlichen Leser, denken wir, willkommen sein, die jetzt folgenden Begebenheiten aus dem Munde eines Augenzeugen und Mitbetheiligten zu erfahren; wir entnehmen dieselben daher buchstäblich aus dem Tagebuch unseres Schwie= gervaters, wie folgt:

„Den 20. Januar 1793 erschienen bei meinem Vater die Commissarien des National=Convents und erklärten ihm, er sei als Maire der Stadt Straßburg hinfüro unmöglich und müsse als solcher ersetzt werden. Zwei dieser Herren wei= gerten sich jedoch, an seiner Stelle das gefahrvolle Amt zu übernehmen.

Zugleich wurde mein edler Vater, dessen fester Charakter und Ordnungsliebe den damaligen Projekten im Wege standen, als verdächtig erklärt und 20 Stunden weit von der Stadt verbannt. Als er aber diesen Bann brach, um seiner sterbenden Mutter die Augen zu schließen, wurde er verhaftet, eingekerkert und in Anklagestand versetzt, in Ermanglung von Schuldbeweisen jedoch wieder freigegeben und in seine Verbannung zurückgeschickt.

Das Entlassungsurtheil lautete:

Tückheim wurde mit Unrecht verhaftet, wir vermochten nichts gegen ihn aufzubringen, was eine längere Verhaftung entschuldigen könnte; er ist ein durchaus gerechter und allgemein geachteter Mann.

Nach seinem Zufluchtsort Postorf zurückgekehrt, bezog er mit seiner Familie ein kleines Häuschen, wo er noch einige flüchtige Elsässer unterzubringen wußte. Auch hier in dem entlegenen Dörfchen, seinem natürlichen Drange nützlich zu sein gehorchend, wurde er bald der Freund und Rathgeber aller Bedrängten, die mit Requisitionen aller Art zu Gunsten der Demokraten der benachbarten Städte belastet wurden, er half wo er konnte.

Seiner thätigen Seele war es nicht möglich unbeschäftigt zu bleiben, und so wurde er bald der Geschäftsführer der Gemeinde, deren Vorstand nicht mehr wußte wem er, bei der verwirrenden Menge der sich gegenseitig widersprechenden Befehle, gehorchen sollte.

Die ankommenden Briefe wurden ihm unterbreitet und nichts wurde ohne seinen Rath beschlossen; diese freundliche Bereitwilligkeit rettete ihm das Leben.

Eines Morgens brachte ihm der Maire eine Depesche vom Comité de salut public aus Straßburg, die seinen eigenen Verhaftsbefehl enthielt, mit der Weisung, ihn vor das Revolutionsgericht dorthin abführen zu lassen.

Das war so gut wie die Guillotine selbst, und kein Augenblick war zu verlieren. Er umarmte Frau und Kind, steckte einiges Geld in seine Tasche und floh durch die Gärten des Dorfes, während die Sturmglocke läutete, welche die Patrioten zusammenrief, um den Wortlaut der Depesche zu hören.

Mein Vater wanderte Tag und Nacht, bis er nach Saarbrücken kam, wo er, als Holzhauer verkleidet, mit der Axt auf der Schulter, über die Saar durch französische und preußische Vorposten sich durchschleichend, endlich auf freien Boden gelangte, und dann, immer noch verkleidet, seinen Weg nach Heidelberg fortsetzte.

Von Saarbrücken aus ließ er der Mutter durch einen alten treuen Invaliden folgende Worte sagen:

Der Weg über Saarbrücken ist frei, ihr sollt kommen!

• Nach drei Tagen der grausamsten Ungewißheit erhielt die Mutter diese lakonische Botschaft; der Anblick des fremden Mannes, sein geheimnißvolles, schüchternes Wesen erfüllten sie mit Angst und Zweifel, sie suchte ihn zur Rede zu bringen, doch er wiederholte nur immer dieselben Worte und drängte zum schnellen Aufbruch.

Wie? sollte sie trauen? Der Mann konnte ein Verräther, seine Mission eine Falle sein, die man der armen Verlassenen stellte, um sie auf der Flucht zu verhaften und, in dieser Flucht selbst, den Vorwand zur Verurtheilung des Gatten zu finden.

In dieser grausamen Lage, wo keine menschliche Vernunft rathen konnte, warf sich meine theuere Mutter im Gebet nieder, flehte den Herrn um Muth, Kraft und Erleuchtung an, dann gestärkt, raffte sie sich entschlossen auf und betrat mit ihren fünf Kindern den Weg, der zum Tod wie zur Verbannung führen konnte.

Tag und Nacht forteilend, mit einem Kinde auf dem Rücken, die Andern mühsam nachziehend, mit blutenden Füßen, in brennender Sonnenhitze mit Durst und Hunger kämpfend, die Todesangst um ihren Gemal und ihre Kinder im Herzen, so trotzte sie allen Gefahren, überwand sie heldenmüthig alle Leiden und Entbehrungen dieser gräßlichen Reise, und ihre Thränen flossen erst in Mannheim beim Wiedersehen ihres theuern Gatten."

Diese merkwürdige Flucht, während welcher Lilli nicht nur die eigenen Kräfte überbot, sondern auch die noch schwachen, todmüden Kinder zu fast übermenschlichen Anstrengungen ermuthigte, wurde mir ebenso lebhaft von meinem theuern Freund und Lehrer Redslob erzählt, der Lilli als Erzieher der Kinder begleitete.

„Die Mutter," sagte er, „war der Kinder und meine Rettung, wenn wir ermattet niedersinken wollten, wußte sie unsere Kräfte bald durch einen heitern Scherz, bald durch Versprechungen, bald wieder durch ernste Mahnungen aufzustacheln, so versprach sie z. B. den Knaben neue Stiefel, die alle Wunden der Füße schnell heilen würden. Wie wir die Mühen der Reise überstanden und die Kinder vorwärts gebracht haben, weiß ich heute noch nicht.

Als wir nach Saarbrücken kamen und uns gesagt wurde, daß niemand die Brücke passiren dürfe, als Landleute, die Lebensmittel in die Stadt brächten, mußten wir uns trennen. Frau von Türckheim, als Bäuerin verkleidet, mit einem Korb auf dem Kopfe, ihren kleinen Heinrich, in ein Tuch gebunden, auf dem Rücken tragend und ihr Töchterchen an der Hand, schlug den Weg nach der Brücke ein, während ich mit den drei älteren Knaben einen Fußpfad wählte, der uns an die Saar führen könnte. Zufällig war es gerade ein Pfad, der auf einen seichten Badeplatz am Fluß auslief und so kamen wir, ohne Aufsehen bei den zahlreichen Vorposten zu erregen, glücklich über die Saar.

Indem Frau von Türckheim auf die Brücke zugieng, begegnete ihr ein Trupp zügelloser republikanischer Soldaten, die sich anschickten, die schöne Bäuerin mit Neckereien anzuhalten. Durch ihre Entschlossenheit und Geistesgegenwart rettete sie sich aus der wirklich ernsten Gefahr, erkannt und verhaftet zu werden. Mit den Worten: Est il digne de braves soldats d'insulter ainsi une mère de famille! schritt sie mitten durch die rohen Menschen und eilte den deutschen Vorposten zu."

Nachdem wir diese treuen Augenzeugen der Flucht haben sprechen lassen, nehmen wir selbst den Faden der weitern Erzählung wieder auf.

Im nächsten Dorf vereinigte sich die kleine getrennte Karavane wieder, im ersten besten Wirthshaus sprachen sie ein, um endlich einige Nahrung zu sich zu nehmen. Da der Wirth sie wirklich für gute Bauersleute hielt, setzte er die ganze Familie ans Ende eines großen Tisches, an welchem schon viele preußische Offiziere Platz genommen; die Schönheit der Frau, das heitere Gespräch der Kinder, die feinen Manieren, alles verrieth sogleich die Verkleidung und die Flucht aus dem französischen Gebiet.

Ein Rittmeister wagte einige bescheidene Fragen und Lilli erzählte offen und einfach, wie sie und die Kinder dem drohenden Beil der Guillotine entflohen und jetzt dem geretteten Gatten und Vater nacheilte, um sich mit ihm zu ihren Verwandten nach Frankfurt zu begeben.

„Ich komme selbst von Frankfurt," sagte der Offizier*),
„und habe dort die Familie Schönemann, die ebenfalls Straß=
burg verlassen mußte, kennen lernen."

So fand Lilli, indem sie sich zu erkennen gegeben, gleich
einen Beschützer, der alles aufbot, um ihre Reise zu beschleu=
nigen. Ein Wagen wurde herbeigeschafft, und die Flüchtlinge
konnten nun, von der grausamen Ermüdung erschöpft, endlich
ihre Reise unter besseren Umständen fortsetzen; die Kinder und
der treue Rebslob fanden es recht behaglich, mit der lieben
geretteten Mutter in einem guten, bequemen Wagen die mü=
den Glieder ausruhen zu lassen.

Mein Schwiegervater erzählte oft von dieser Fahrt und
schilderte seine liebe Mutter, im ländlichen Kostüm noch lieb=
licher erscheinend, wie sie, ihr Söhnchen im Arm, ruhig schla=
fend ihm gegenüber saß und, von Zeit zu Zeit mit einem
holden Lächeln erwachend, ihre Kinder, eins nach dem andern,
ans Herz drückte.

Daß sie gerade noch zur rechten Zeit entkommen, be=
wiesen ihnen hinlänglich die in der Ferne vernehmbaren Ge=
wehrsalven, vorübersprengende Uhlanen und kleine Vorposten=
gefechte, die sie in der Umgegend von Saarbrücken noch deut=
lich von weitem mit angesehen hatten.

Nach mehreren Tagereisen gelangte endlich die Familie
nach Heidelberg, wo sie Herrn v. Türckheim zu treffen glaubten.
Seine glückliche Rettung war Lilli schon bekannt, sie sollte ihn
aber erst in Mannheim wieder finden.

Wir können uns die Freude nicht versagen, hier einige
Briefe mitzutheilen, weil sie auf diese Episode in Lilli's Leben
das hellste Licht werfen.

*) Ein Herr von Schulenburg.

Der erste Brief von ihr an ihren Bruder lautet:

„Ich eile, lieber Bruder, dir meine und der Meinigen Ankunft in meinem Vaterlande zu melden. Was ich dabei empfinde, wünsche, fürchte, läßt sich nicht beschreiben. Nur das Einzige laß mich erwähnen: daß ich nach einer fünfzehnstündigen Pilgerfahrt, meinen Heinrich auf dem Rücken, Wilhelm an der Hand und die Andern bei mir, glücklich durch alle französischen Vorposten und nun hier in Kaiserslautern angelangt bin.

Nur eines fehlt jetzt noch zu meiner ganzen Zufrieden= heit; die Vereinigung mit Türckheim. Daß er glücklich überall durch ist, das weiß ich, aber auch nur das.

Ich wende mich an dich, mein Bester, mit der Bitte, ihm sogleich zu melden, daß ich ihm nachfolge und, wofern ich keine Spur von ihm finde, nach Frankfurt gehe.

Nun muß ich schließen unter Wiederholung meiner Freude und mit dem Sehnen nach euch. Deiner lieben Frau und deiner verehrten Schwiegermutter empfehle ich mich und bleibe, in Erwartung, dich baldigst zu umarmen, deine dich aufrichtig liebende Schwester

Lise Türckheim."

Hier ein Briefchen des damals kaum neunjährigen Söhn= chens Wilhelm.*)

„Lieber Onkel,

Denken sie nur! auch ich bin mit Mama glücklich in Heidelberg angekommen, und da sollten wir den Papa treffen, der einen Brief der Mama erhielt.

---

*) Derselbe, den Bettina den schönsten Offizier der französischen Armee nannte, und der, nach der Schlacht bei Jena als Adjutant des Marschall Augereaus, Göthe in Weimar vor Plünderung schützte.

Ich gieng von Poftorf aus so tapfer, daß mir die
Mama ein paar Stiefel versprochen, die sie mir auch näch=
stens wird machen lassen.

Leben sie wohl, ich verbleibe ihr treu ergebener Neffe
Wilhelm.“

Das dritte Briefchen von Lilli's zweitem Sohn Karl:

„Lieber Onkel,

Endlich sind wir im Land der Freiheit angekommen!
Den vorigen Dienstag sind wir von Poftorf weg und
die ganze Nacht hindurch gegangen, den andern Morgen 9
Uhr in Saarbrücken angekommen, dann sind wir durch St.
Johann, Ottweiler, Kaiserslautern und endlich über Heidel=
berg nach Mannheim, wo Papa zu uns kam. Unsere Ueber=
raschung und Freude, lieber Onkel, können sie sich denken, wir
werden dieselben Gefühle haben, auch sie wieder zu sehen.

In dieser Hoffnung ihr treuer Neffe
Karl.“

Nachfolgendes Briefchen von meinem Schwiegervater, der
damals 14 Jahre alt war:

„Lieber Onkel,

Mit Freude ergreife ich die Feder, um ihnen zu sagen,
daß wir heute ihren lieben Brief erhalten haben und um sie
zu bitten, doch ja recht bald zu uns zu kommen.

Sie werden sich wundern, wie wir nach Heidelberg ge=
rathen, da doch Mama ihnen gemeldet hatte, wir würden nach
Frankfurt gehen. Die Ursache unseres Wegbleibens will ich
ihnen erklären: erstens erfuhren wir, daß sie nach Pirmout
gegangen, um ihrem Hrn. Schwager dahin zu begleiten, und
zweitens, da wir an Onkel Kobes (Jacob) geschrieben hatten,

um ihn zu bitten, zu uns zu kommen, so kam, denken sie sich
unsere Freude, der Papa mit ihm, von dem wir noch nichts
wußten.

Die liebe Mutter läßt sich wegen ihres Nichtschreibens
entschuldigen, allein, da wir von unsern Sachen auch nicht
das Geringste retten konnten, so ist sie mit Hemderschneiden
und Nähen so beschäftigt, daß sie nicht abkommen kann.

Ich bleibe in Liebe und Ergebung ihr Neffe

Fritz.“

Lilli gieng nun mit ihrem wiedergewonnenen Gatten
und ihren Kindern auf einige Tage nach Frankfurt, wo den
Flüchtlingen von allen Seiten der herzlichste Empfang zu Theil
wurde.

Wie mag es ihr zu Muthe gewesen sein, als sie das
elterliche Haus, die Vaterstadt mit allen ihren heißen und
schmerzlichen Erinnerungen nach so langen Jahren und so
großen Veränderungen in ihrem innern und äußeren Leben,
wieder fand?

Obgleich in ihren Briefen, wie in den Tagebüchern,
keine Spur von ihrem früheren Verhältniß zu finden ist, so
glauben wir doch, daß mitten durch die Bedrängnisse und
Sorgen der schweren Zeit noch ein geweihtes Andenken an
frühere Tage in der edlen Seele auftauchen mußte.*)

---

*) Hier können wir nicht umhin, den bekannten, im Jahr 1869
in dem Grenzboten veröffentlichten Brief der Gräfin Egloffstein in
extenso, und die Bemerkungen, die er in uns hervorruft, mitzutheilen.
Der Brief lautet wie folgt:

„Weimar 3. Dec. 1830.

Die an mich ergangene Aufforderung: dasjenige, was sich in Bezug
auf eine der edelsten Frauen meinem Gedächtnisse unauslöschlich einge-
prägt hat, schriftlich mitzutheilen, erfüllt mich mit wehmüthiger Freude,

Ihre Briefe enthalten nie einen Ausdruck schwärmeri=
scher Gefühle, nur manchmal leise Andeutungen über die Ge=

weil ich mich dadurch berechtigt sehe, das heilige Vermächtniß welches
die Treffliche einst in meinem Herzen niederlegte, dem einzig geliebten
Freunde ihrer Jugend zu übergeben und auf diese Weise dem Vertrauen
zu entsprechen, dessen sie mich vor einer langen Reihe von Jahren
würdigte.

Ich muß in diese zurückkehren und bemerken: daß zur Zeit der
französischen Revolution, namentlich anno 1793 und 1794, die Fürsten=
thümer Anspach und Bayreuth mit Emigranten überfüllt waren, beson=
ders Erlangen, wo ich mich damals aufhielt und sehr zurückgezogen lebte.
Um so mehr mußte es mich überraschen zu hören, es befände sich unter
den Ausgewanderten eine Frau von Türckheim, die großes Verlangen
trage, mich kennen zu lernen. Ich konnte mir keinen andern Grund
ihres lebhaft geäußerten Wunsches denken, als die Wahrscheinlichkeit, sie
bedürfe vielleicht meiner Unterstützung und dies bewog mich, trotz meiner
eigenthümlichen Abneigung vor neuen Bekanntschaften, Frau von Türck=
heim zu besuchen.

Der Eindruck, den ihre Persönlichkeit im ersten Moment auf mich
machte, läßt sich mit wenigen Worten bezeichnen: Ich glaubte Iphi=
genie vor mir zu sehn. Die hohe, schlanke Gestalt, der milde schwer=
müthige Ausdruck ihrer, zwar verblühten aber doch noch immer an=
muthigen Gesichtszüge (Lilli war damals 35 Jahre alt und Mutter von
5 Kindern) und vor Allem die erhabene Würde, die sich in ihrem ganzen
Wesen aussprach, riefen mir jenes Ideal edelster Weiblichkeit, so wie es
Göthe darstellte, unwillkürlich vor die Seele — sonderbar genug, da keine
Ideenverbindung stattfinden konnte, indem ich nicht die leiseste Ahnung
davon hatte, daß Frau von Türckheim und der große Dichter jemals in
vertrauter Beziehung stauden. Ich sollte aber bald erkennen, wie richtig
mich meine Gefühle geleitet; denn die vortreffliche Frau gestand mir mit
rührender Offenheit: sie habe erfahren, in welcher engen Verbindung ich
mit Weimar stünde und bloß deßhalb meine Bekanntschaft gewünscht,
um etwas Näheres von Göthes Leben und Schicksal zu erfahren, den sie
den Schöpfer ihrer moralischen Existenz nannte.

Die Innigkeit, ja, ich darf sagen, die Begeisterung, womit sie von

fahr einer zu lebhaften Einbildungskraft, oder zu großer Leiden=
schaftlichkeit, die stets Kummer und Enttäuschungen zu=
rücklassen.

ihm sprach, rührte mich unaussprechlich, und vermehrte meine hohe
Meinung von dem verehrten Manne, den ich leider damals noch nicht
persönlich kannte.

Dieser Umstand verhinderte mich, dem Wunsche seiner Jugend=
freundin genüge zu leisten; allein die theure Frau ließ es mich nicht
entgelten, und von jenem Augenblicke an entspann sich das herzlichste
Freundschaftsverhältniß zwischen uns Beiden.

So lange ich lebe, werde ich an die genuß= und lehrreichen Stun=
den mit tiefbewegter Seele denken, die ich bei Frau von Türckheim zu=
brachte und ihre Tugenden zum Vorbilde nehmen.

Im Laufe unserer traulichen Unterhaltungen erzählte sie mir die
Geschichte ihres Herzens, aus der ich deutlich ersah, daß sie, wenn auch
nicht vollkommen glücklich, doch mit ihrem Schicksal zufrieden war,
weil — Göthe es ihr vorgezeichnet hatte. Mit seltener Aufrich=
tigkeit gestand sie mir: ‚ihre Leidenschaft für denselben sei mäch=
tiger als Pflicht und Tugendgefühl in ihr gewesen, und wenn
seine Großmuth die Opfer, welche sie ihm bringen wollte,
nicht standhaft zurückgewiesen hätte, so würde sie späterhin,
ihrer Selbstachtung und ihrer bürgerlichen Ehre beraubt, auf
die Vergangenheit zurückgeblickt haben, welche ihr jetzt im
Gegentheil nur beseeligende Erinnerungen darbiete.

Seinem Edelsinn verdanke sie einzig und allein ihre geistige Aus=
bildung an der Seite eines würdigen Gatten und den Kreis hoffnungs=
voller Kinder, in welchem sie Ersatz für alle Leiden fände, die der Himmel
ihr auferlegt. Sie müsse sich daher als sein Geschöpf betrachten, und
bis zum letzten Hauch ihres Lebens mit religiöser Verehrung an seinem
Bilde hangen. Da ihr, aller Wahrscheinlichkeit nach, nicht vergönnt sein
würde, Göthen wieder zu sehen, so bäte sie mich: dem unvergeßlichen
Freunde, wenn ich ihn einst von Angesicht zu Angesicht schaute und sich
eine schickliche Gelegenheit fände dasjenige mitzutheilen was sie mir in
dieser Absicht anvertraut habe.‘

Ihre Worte hatte ich treu bewahrt, aber eine solche Gelegenheit

Nach wenigen, glücklich verlebten, Wochen zog die ver=
bannte Familie Türckheim nach Erlangen, damit, in einer

fand ich nicht. Ich war damals noch zu jung und dem hochverehrten
Meister gegenüber viel zu schüchtern, als daß ich es hätte wagen dürfen,
einen so überaus belikaten Gegenstand zu berühren.

Späterhin führte mich mein Geschick aus seiner Nähe, und wäh=
rend mancher kurzen Anwesenheit in Weimar hielt mich die Furcht durch
meine Taubheit lästig zu werden davon ab, das ehemalige Verhältniß
mit demselben wieder anzuknüpfen. Schon hatte ich die Hoffnung auf=
gegeben, mich jenes heiligen Auftrags entledigen zu können, als ich mich
so freundlich dazu berufen sah, und dies für eine besondere Gunst
des Himmels halten muß.

Möge der Inhalt dieser flüchtig entworfenen Zeilen die reiche
Vergangenheit des erhabenen Dichtergreises wie ein milder Sonnenblick
beleuchten und meine innigen Wünsche für sein Wohlergehen erfüllt
werden.

Henriette v. Beaulieu Marconnay,
geb. Gräfin Eglofffstein.“

Diesem eigenthümlichen Briefe, den wir nicht ernst aufnehmen
können und den wir gar nicht berührt hätten, wenn er nicht, vielfach ver=
öffentlicht, heute zur Göthelitteratur gerechnet würde, diesem Briefe wollen
wir nur ganz kurz, einige nüchterne Bemerkungen entgegenstellen, es dem
gesunden Verstande unserer Leser überlassend, ein Urtheil darüber zu
fällen.

Wir sind befugt zu erklären, daß (wie es übrigens Frau von
Egloffstein selbst bekennt), diese Dame keine Jugendfreundin Lillis, son=
dern nur eine vorübergehende Bekanntschaft, während dem kurzen Er=
langer Aufenthalt, war. Solch einer Unbekannten hat nie und nimmer=
mehr die besonnene, sich selbst stets beherrschende Lilli, ihr ganzes
Herz ausgeschüttet.

Das Bekenntniß, welches sie abgelegt haben soll, nur damit es zu
Göthes Ohr gelange, legt kein Weib auf Erden einem andern
sterblichem Weibe ab.

Lilli wird von Göthe eher der Kälte und der Gleichgiltigkeit, als
der glühenden Leidenschaft, beschuldigt, sie weist ihn streng zurecht, wenn

4*

kleinen Universitätsstadt, die Kinder ungestört ihren Unterricht genießen möchten, auch Freund Nebslob seine Studien nicht allzulange unterbreche.

---

er sich, wie er sagt, unnütz machen will, wie vereinbart sich das mit den Opfern, die sie ihm bringen will?

Wenn jemand zurück zu halten war, so war es doch gewiß eher der leidenschaftliche, feurige, unternehmende Jüngling, als die ruhige, anstandsvolle Jungfrau; diese brauchte keinen andern Schutz als ihre hehre, reine Unschuld, ihren angeborenen Stolz und ihre treffliche Erziehung.

Mit aller Achtung für Göthes Ehrenhaftigkeit, ja, mit dem über- spanntesten Glauben an seine moralische Ueberlegenheit, wird es doch keinem vernünftigen Menschen einfallen, an die Wirklichkeit jener helden- müthigen Abwehr, von der uns Frau von Egloffstein spricht, zu glauben.

Den besagten Brief können wir nur als eine übertriebene Hul- digung ansehen, die dem allgemein vergötterten Dichter dargebracht wird.

Daß Lilli der vorübergehenden Weimaranerin ihre Verehrung für Göthe ausgesprochen, von der sie bis an ihr Ende kein Hehl gemacht, daß sie sogar Göthes Einfluß auf ihre geistige Entwicklung berührte, glauben wir gern, alles Andere aber gehört entschieden ins Reich der Fantasie und wir müssen es als rein unhaltbar zurückweisen.

Sehr auffallend ist es jedenfalls, daß Göthe in seinem von uns weiter unten mitgetheilten Brief an Lilli vom 30. März 1801 erklärt: er habe von F. v. Egloffstein erfahren, daß Lilli noch seiner gedacht habe, während die Baronin ausdrücklich betheuert: sie habe früher, das heißt vor ihrer schriftlichen Mittheilung vom 3. Dec. 1830, nie das Herz gehabt, sich ihres Auftrags zu entledigen, auch habe jede Gelegen- heit dazu gefehlt.

Daß die Gelegenheiten nicht fehlten, sagt uns Göthes Brief, daß aber eine Dame 29 Jahre lang ein Geheimniß mit sich herum getragen, das ist in der Geschichte des schönen Geschlechtes, seit unserer ersten Ahn- mutter, noch nicht da gewesen.

Warum nach so langer Frist feierlich zu Protokoll bringen, was man nur mündlich ausrichten sollte? Da ist das lateinische alte Sprich- wort verba volant scripta manent doch wohl außer acht gelassen worden.

Dort angekommen, richtet sich Lilli gleich recht häuslich
still ein, besorgt ihr kleines Hauswesen mit einer einzigen
Dienerin, verfertigte mit ihrer geübten Hand freudig die Klei=
der der Kinder, und nimmt noch in ihr Häuschen einen armen
flüchtigen Straßburger Studenten auf.

Nun arbeitet alles, und Türckheim setzt sich mitten unter
die Jugend in die Hörsäle, um neue Kenntnisse zu sammeln.

„In wenigen Tagen," schreibt er an seinen Schwager
Schönemann, „fange ich meine Studien in Chemie und Mi=
neralogie an, nicht um Gold machen zu lernen, worin ich es
nicht weit bringen würde, aber wohl, um meinen Geist in
Thätigkeit zu erhalten."

Die Briefe Lilli's aus Erlangen zeugen alle nicht nur
von ihrer Tüchtigkeit im häuslichen Wirken, sondern auch von
ihrem warmen, theilnehmenden Herzen für alle, die ihr nahe
kamen.

Es sei mir vergönnt, hier nur ein paar Zeilen anzu=
führen, in welchen sie aufs rührendste ihre Besorgniß um
einen jungen Landsmann ausdrückt, der zu frühzeitig in die
Heimath zurückkehren will:

„Erlangen, 4. Sept. 1794.

Ich eile, lieber Bruder, deinen soeben erhaltenen Brief
zu beantworten. Die bringende Veranlassung dazu ist der
Bericht über Städel, der mich so ängstet, daß ich unverzüg=
lich zur Feder greife, um ihn wo möglich zu beschwören, nicht
unüberlegt nach Straßburg zurückzukehren, ohne vorher noch
genauere Berichte eingezogen zu haben. Heisch, der in dem=
selben Fall ist wie er, wurde als Emigrant erklärt, nun ist
mir zwar ein solches von Städel nicht bekannt, aber das Bei=
spiel des jungen Van der Yver schreckt mich noch in jedem

Augenblick, auch er kam auf Befehl seines Vaters, den man zwang ihn zurückzurufen und wurde bald darauf guillotinirt. O ich bitte und beschwöre dich! spare keinen Zuspruch, überzeuge ihn, wenn es möglich, daß sein Vater durch seine Rückkehr nicht glücklicher, aber vielleicht auf immer unglücklich sein wird.

O möchte es dir doch gelingen den jungen, feurigen, keine Arglist ahnenden Jüngling dahin zu bringen, den Weg der Klugheit statt den der irregeführten Leidenschaft einzu= schlagen; möchte es ihm anschaulich werden, daß unser armes Vaterland der Regierung ehrgeiziger Menschen zur Beute ge= worden ist, und daß die Guten nur seufzen und trauern kön= nen u. s. w."

Der Aufenthalt Lillis in Erlangen, wo die Gute mit wahren Nahrungssorgen zu kämpfen hatte, wurde doch' ihr und den Ihrigen zum wahren Segen. Denn trotz aller Ent= behrungen blieben sie glückliche Menschen, die von den Um= ständen gelernt hatten, daß Zufriedenheit allein das wahre Glück begründet.

Der enge Rahmen unserer Skizze erlaubt uns nicht, ihre sämmtlichen Briefe hier mitzutheilen, sie tragen aber alle das Gepräge einer heitern und in jeden Verhältnissen sich selbst beherrschenden Seele.

Nach und nach beruhigten sich die Leidenschaften in Frankreich, es ergieng demnach an Türckheim Ruf auf Ruf, in seine Vaterstadt zurückzukehren, um die Last der eigenen, wie der öffentlichen Geschäfte wieder auf seine Schultern zu laden.

Er folgte sogleich diesen Mahnungen und machte sich den 20. September in der gelben Kutsche (wie Göthe sagt)

auf den Weg. In Heidelberg angekommen, wird ihm die
Hitze des Wagens und noch mehr das lästige Gespräch un=
liebsamer Passagiere unerträglich, er nimmt ein Ränzchen auf
den Rücken und wandert gemüthlich die schöne Bergstraße
hinauf, der Heimath entgegen; zu Fuß, wie er sie verlassen
hatte, eilt er ihr wieder zu, aber freilich in ganz anderer
Stimmung.

Lilli folgte ihrem Gatten einige Wochen später über
Basel und Mühlhausen nach; von Freunden und Bekannten
wurden beide mit Jubel und von der gesammten Bevölkerung
mit dem freundlichsten Wohlwollen empfangen.

Im Nachruf an Türckheim haben wir gesehen, wie rast=
los thätig er von dieser Epoche an seine ehrenvolle, doppelte
Laufbahn als Geschäfts= und Volksmann wieder aufgenommen.

Von allen Seiten gehoben, unterstützt, wußte der fähige,
helle Kopf den früheren Wohlstand in wenig Jahren wieder
zu erwerben: sein Handelshaus blühte schnell wieder auf und
Lilli trug viel dazu bei, ihrem Gatten alles leicht und nach
Wunsch zu gestalten.

Nicht nur durch ihre weise Hausführung und Sparsam=
keit griff sie ihm unter die Arme, sondern auch mit ihrem
klugen Rath stand sie ihm wacker zur Seite.

Das Zutrauen des Gemahls machte sie während seinen
häufigen Abwesenheiten zur Vollzieherin aller seiner Befehle
und Wünsche; durch sie wurde es ihm möglich, neben seinem
ausgedehnten Geschäftsgang auch dem öffentlichen Wohl seine
Kräfte zu widmen, ohne ihre thätige Hülfe hätte er die Volks=
vertretung, so lange Jahre hindurch, während welchen er seinem
Lande die eminentesten Dienste geleistet hat, unmöglich an=
nehmen können.

Vor allem aber war Lilli die Erziehung ihrer Kinder wichtig; ihre begabte Tochter wich nie von ihrer Seite, den Knaben war sie zu jeder Stunde nahe; mit Hülfe des biedern und durch und durch gebildeten Nebslob leitete sie diese, an den vier Söhnen in jeder Hinsicht gelungene Erziehung.

Einem jeden wußte sie, nach dem Maße seiner Kräfte, die Arbeit zuzutheilen, und bei allen unterhielt sie ein stetes Streben nach höheren idealen Zielen.

Ihr schönes, in der Brandgasse mit einer Terasse auf den Broglieplatz, gelegenes Haus*), hatte sie nach und nach wieder auf denselben Fuß gebracht, wie es früher gewesen war, und vereinigte in demselben die alten treuen Bekannten; nur diejenigen hatte sie zu vermissen, die der frühe Tod hinweggerafft.

Der ehemalige Splendor Straßburgs war zwar verschwunden, viele hohen Herren, wie Prinz Max von Zweibrücken (später König von Bayern), Prinz Friedrich von Hessen und andere waren nicht mehr da. Mit der französischen eingewanderten Kolonie hatte sie wenig und nur offiziellen Verkehr, desto mehr aber und inniger mit den alten Straßburger Familien von echtem Schrot und Korn. Die Namen, die sie oft nennt und deren Träger sie mit ihrer Freundschaft beehrten, sind: Karl und Moritz Hecht, von Dietrich, Klauhold, Frank, Spielmann, von Baier, Sengenwald und andere.

Wir möchten alle guten Menschen heute noch segnen können, die der besten der Frauen ihre Liebe einst geschenkt; in

---

*) Dieses Haus wurde im letzten Krieg niedergebrannt; es steht jetzt an derselben Stelle das prachtvolle Gebäude der Elsäßer Boden-Kredit-Bank.

diesen Zeilen werden wenigstens ihre Nachkommen den Beweis finden, wie wohlthuend für die Enkel Lillis das Bewußtsein ist, daß sie (wie Göthe es ihr gewünscht hat) bei treuen Seelen, wie die ihrige war, Freud' und Ruh' gefunden. Als die Kinder im Jahr 1800 zum Theil erzogen waren, mußte sie sich nach und nach von den Söhnen trennen. Doch auch aus der Ferne folgt sie ihnen, so zu sagen, Schritt für Schritt in ihrer Entwicklung und verliert keinen aus dem wachsamen Auge. Die Beweise ihrer mütterlichen Sorge und zugleich ihres feinen Taktes in der Erziehung finden wir in ihren Briefen an die Entfernten; wir geben hier ein Frag= ment aus einem derselben:

„Was meinem Glück die Krone aufsetzen kann, liebe Kinder, ist allein die Genugthuung, die wir durch Euere Ar= beit und Aufführung erhalten. Herr X. schreibt dem Papa einen sehr freundlichen Brief, in welchem er seine Zufrieden= heit über dich, lieber Fritz, ausspricht. Er rühmt an dir Fleiß, Einsicht, Leichtigkeit im Auffassen wie im Vollführen, und weiß deine moralischen Eigenschaften zu schätzen; fahre fort, dir die Achtung deiner Vorgesetzten zu erringen und sei gewiß, daß alles in der Welt sich lohnt und sühnt. Ein guter Ruf ist ein unschätzbares Gut! Und auch du, lieber Karl, arbeite so fort wie du begonnen hast, bestrebe dich, in allem Guten mit deinem älteren Bruder zu wetteifern. Beide sollt, müßt ihr des ehrenvollen Namens würdig werden, welchen Großvater und Vater durch ihr edles Wirken er= rungen haben.

Bei Gelegenheit der Besitznahme unseres kleinen Land= hauses habe ich an der innigen Theilnahme des Landvolks und an dem herzlichen Empfang, der uns von einer doch ganz katholischen Bevölkerung zu Theil geworden, wahrnehmen

können, wie geliebt und geschätzt euer braver Vater ist; das
thut dem Herzen wohl! machet, daß euch einst gleiche Liebe
geschenkt wird.

Was euere kleinen Bedürfnisse anbelangt, sorget selbst
dafür, schafft euch mit Verstand und Oekonomie alles an,
was die Nützlichkeit und der Anstand fordern; ich kenne euere
bescheidenen Ansprüche und schreibe euch nichts vor, thut in
dieser Beziehung was recht und ordentlich ist und fürchtet
nicht Bemerkungen von meiner und des Vaters Seite.

Saget dem Onkel und der Tante herzliche Grüße und
begegnet stets beiden mit Ehrfurcht und Liebe u. s. w."

Aus einem andern Schreiben an dieselben Söhne heben
wir folgende Zeilen hervor:

„Wir schreiben sehr oft dem Unglück, dem Schicksal,
wie man sagt, so manches zu, an dem wir leider meistens
selbst schuld sind, wir könnten so vieles vermeiden, was böse
Folgen nach sich zieht; das Sprichwort: wie du's treibst so
geht's, obgleich sehr gewöhnlich, ist doch wahr, denket immer
daran und sucht euch stets selbst zu beherrschen.

Ich weiß wie nothwendig es ist, diese Gewalt über sich
zu gewinnen; entsagen zu lernen ist großer Gewinn, dadurch
allein stehen wir über den Begebenheiten und werden nicht
des Zufalls Spiel, dadurch stählen wir die Seele ohne ihr
die zarte Blüthe des Gefühls zu rauben.

Lasset uns zusammen diese Zeit als eine Schule betrachten; für meinen Theil habe ich stets die Prüfungen, die
mir nicht erspart worden, mit warmem Dank gegen die Vorsehung angenommen, und ich kenne keine, die ich nicht mit
Ergebenheit tragen werde, nur eine giebt es, die ich nicht
überleben möchte, der Schmerz nemlich hören zu müssen, daß

meine Söhne den Götzen der Zeit opfern sollten. Das weiß
ich wird Gottlob! mir nie wiederfahren!"

Doch hören wir, wie jetzt auch das weiche Mutterherz,
mit zarten lockenden Tönen zu der Seele des schon reiferen
Sohnes redet und sogleich das gewünschte Echo wieder zurück
erhält:

„Und du, mein theurer Fritz, sind es denn die Ge=
schäfte allein, die ganz dich einnehmen? ist nicht in einem
Winkelchen des Herzens der kleine schelmische Gott eingekehrt,
der den emsigen, prosaischen Merkur auf ein Weilchen ver=
treiben möchte? Wie steht es um dein Herz? sage mir das!
mache mich zu deiner Vertrauten, ich will schweigen wie das
Grab! —

Es ist nicht gut alles in sich einzuschließen, wenn das
Herz zu sehr vereinsamt steht, läuft es desto größere Gefahr
irre zu gehn.

Nicht sind es die glücklichen Bande der Ehe, die ich für
dich fürchte, aber, weil ich dein liebendes, so leicht Zutrauen
fassendes Herz kenne, möchte ich es vor jeder Ueberraschung
schirmen, die ihm später Schmerz und Enttäuschung bereiten
könnte, sage mir alles, u. s. w."

Nun wird die Antwort des trefflichen Sohnes nicht
weniger Interesse verdienen, er sieht, daß die gute Mutter
etwas betrübt über sein langes Schweigen ist und schreibt:

„Wie hat meine liebe theuere Mutter glauben können,
daß ihr Fritz, der stets von ihrer rührenden Zärtlichkeit ge=
tragen ward, nur einen Augenblick den Gefühlen untreu wäre,
die bisher das einzige Glück, ja der Zweck seines Daseins
waren und ewig bleiben werden! ich kenne ja keine größere
Wonne als ihre und des Vaters Liebe verdienen zu dürfen!

Die ehrfurchtsvolle Zuneigung, die uns allen für unsere angebetete Mutter wie angeboren ist, wächst stets in mir, seitdem ich durch reifere Erfahrung den moralischen Zweck einer jeden ihrer edlen Handlungen habe würdigen können, je reifer ich werde, desto mehr weiß ich das Glück zu schätzen von einer Seele wie die Ihrige geleitet worden zu sein und mich auch fernerhin nur durch sie allein führen zu lassen; ja, theure Mutter, die liebe Nachsicht, welche sie stets für unsere Schwächen halten, kann ihnen keine Falte unserer Herzen verborgen lassen.

Meine Lage hier ist der eines Nordpolfahrers nicht ganz unähnlich, auch ich muß im Eise verharren, und wenn das den Geschäften zu gut kommt, bleibt gerade deßwegen mein Herz ein ungebautes Land.

Sie bekümmern sich um dies Herz und möchten mich gern verheirathen, ich denke noch nicht daran, wenn schon hier alle Welt davon spricht u. s. w."

Dann folgt eine eben so offene als geistreiche Erzählung seiner intimsten Eindrücke über die damalige schöne Damenwelt in Frankfurt und Mainz, die wir aber, obgleich sie mit Zartheit geschrieben, dennoch aus Diskretion übergehn werden.

Noch wollen wir die Stelle eines Briefes anführen, in welchem Lilli den Sohn vor einer gewissen frivolen Pariser Gesellschaft warnen möchte:

„Was den Besuch betrifft, den du bei den Damen X. gemacht hast, um auch diese oberflächliche Welt kennen zu lernen, so gestehe ich dir offen, ich möchte nicht gerne sehn, daß du ihn öfter wiederholtest. Es giebt Leute, die man zu seiner Belehrung nur einmal sehn muß, und dann wegbleiben! Wenn du ja den Besuch wiederholen solltest, so gehe nicht allein hin, sondern mit einem älteren, besonnenen Herrn, der

im Staube ist, bir Bemerkungen mitzutheilen, die ein Un=
erfahrener, Leichtfertiger nie machen wird. So bin ich, zum
Beispiel, gewiß, daß der alte Sünder X. nicht meiner Meinung
ist, er würde vielleicht mit teuflischer Freude deinem ersten
Fehltritt Beifall zulächeln.

O betrübe und beleidige deinen Schutzengel nicht! vor
Gott und den Menschen ist nichts schöner und angenehmer als
ein reiner Mann."

Wie richtig die gute Mutter auch die Freunde des
Sohnes zu beurtheilen wußte, beweißt der frühe Tod des
Sünders X., der an den Folgen seiner Ausschweifungen elend
sterben mußte. Aber wie rührend sind nicht diese warnenden
Winke, wie von Freundes Mund gegeben!

Sie sucht nun die lange Unentschlüssigkeit des Sohnes
in Hinsicht der Ehe auf ein bestimmtes Ziel hinzulenken und
schreibt ihm:

„Graf Dürckheim (der Vater des Schreibenden) hat mir
von dir die besten Nachrichten hinterbracht, lieber Fritz, er ist
äußerst zufrieden mit dir, und beweist es, indem er dir eine
hübsche, liebenswürdige und gebildete Dame aus schönem,
ehrbarem Hause bestimmt, er besteht ernst darauf, daß du ihre
Bekanntschaft baldigst machen sollst.*) Die Eltern der Dame
sind die achtbarsten Leute, mit Dürckheims durch alte Freund=
schaftsbande eng verbunden; da nun diese letztern auch unsere
treuesten Freunde sind, so hat mir der Vorschlag die größte
Freude gemacht.

---

*) Wir wissen, daß unser lieber Vater, der Fritz Dürckheim mit
inniger Liebe ergeben war, mit seinem Vorschlag die ältere Tochter des
Hauses Degenfeld Schomberg auf Eibach im Auge gehabt. Die Wahl
Dürckheims entschied jedoch zu Gunsten der zweiten Gräfin von Degen=
feld, Friederike.

Wie aber nun die Bekanntschaft einleiten? und wie
werden wir es anfangen zu erfahren, ob der liebe Fritz, dessen
Glück wir so sehnlich wünschen, noch ein freies Herz hat und
in den Vorschlag eingehn will? suche doch zu erforschen, was
er davon denkt und wenn du es recht erfahren, schreibe es
sogleich, indem ich seine Antwort mit Ungebuld erwarte, küsse
ich ihn herzlich."

Dieser Briefwechsel Lillis mit ihrem Sohne, in französi=
scher, höchst fließender Sprache geschrieben, trägt in jedem
Wort das Gepräge des innigsten Vertrauens, welches diese
zwei edlen Seelen mit einander verbindet, oft ist man erstaunt
über diesen unumwundenen Austausch der intimsten Regungen
beider Herzen und denkt sich dabei eher zwei lang bewährte
Freunde, die sich gegenseitig Bekenntnisse ablegen, als die
Korrespondenz zwischen Mutter und Sohn.

Die meisten Briefe Lillis sind von so ernstem Geist
durchdrungen und tragen den Stempel einer so positiven un=
erschütterlichen Richtung, daß wir mehr als einmal uns der
Unterschrift Lise T . . . vergewissern mußten, um sicher zu
sein, daß nicht der Vater, sondern die sanfte zarte Lilli
schreibt.

Nur höchst selten kommen leise, schmerzliche Klänge aus
der Vergangenheit wieder, wie in diesem Briefe, wo es sich
von der bestimmten Zukunft des Sohnes handelt:

„Wie kömmt es nur, daß ich mit so viel Ruhe in Er=
füllung gehen sehe, was mich bis jetzt so besorgt machte?
Soll ich's der Herrschaft meiner Vernunft über mein Gefühl
zuschreiben, oder dem Zutrauen, daß ich dir von je her schenkte?
Nur eine Bitte gewähre mir: Lasse dich nicht durch deine Ein=
bildungskraft hinreißen, übereile nichts, ich kann nie die Ein=
brücke vergessen, die mir Solches hinterlassen."

Die Besorgniß, das Herz möge ohne reife Prüfung ge=
bunden werden, findet so in manchen Briefen ihren rührenden
Ausbruck.

Wir denken, es wird dem geneigten Leser erwünscht
sein, die Stimme Lillis auch einmal unmittelbar und ohne den
deutschen Dollmetscher zu vernehmen, deßhalb geben wir hier
einen Auszug aus einem französischen Brief im Texte selbst:

„Que je suis heureuse, mon cher fils, quand je puis
espérer que vous repondrez tous à nos voeux et aux
soins que nous prenons de votre éducation. Je bénis
Dieu des espérances que me donne l'heureux développement de vos coeurs et de vos caractères, je le remercie
surtout d'avoir lui même béni les éfforts de celui qui
jusqu'ici a toujours su résister à toutes les tentations,
à tous les pièges de la vulgarité.

Oh mon enfant! que je suis heureuse de vos princi-
cipes et de votre pureté et que mon coeur chérit en
vous ce desir ardent de vous perfectionner, ah! gardez
à jamais cet amour du bien, ce respect pour la religion
et ce vif besoin de vous ennoblir par la pureté des sentiments et l'élévation des pensées.

Dieu vous a donné une belle âme et des dispositions
heureuses, profiter en pour le bien de tous et affermissez
en vous, de plus en plus, les principes qui vous ont
guidé jusqu' à ce jour.

Que le Seigneur veuille vous accorder cette grace
et je serai la plus heureuse des mères."

Vor den Gefahren, welchen die Söhne im Kriege aus=
gesetzt sind, bleibt sie eben so standhaft und unerschrocken wie
die Söhne selbst.

In folgenden Worten kündet Sie den beiden älteren Söhnen die wunderbare Erhaltung des Jüngeren (Wilhelm) in dem Treffen bei Lübeck an:

„Nous avons des lettres de Guilaume de Lübeck, il a été très exposé, son colonel et plusieurs de ses camarades sont tombés à coté de lui. Dieu l'a encore une fois miraculeusement protégé, il n'a pas eu une égratignure. Ses lettres sont pleines de sentimens, à la fois, d'honneur et d'humanité. Que Dieu nous conserve ce brave garçon!"

Demselben Sohne Wilhelm schreibt sie einige Monate früher:

„Je ne t'ai pas vu entrer avec bonheur dans cette carrière, mon cher fils, mais, maintenant que tu l'as embrassée, je loue ton élan et le partage, car rien de beau, de noble et de grand ne s'éxecute sans enthousiasme etc. etc."

Mit ihren andern Kindern hat Lili ebenfalls den lebhaftesten Briefwechsel unterhalten, sie wendet sich an dieselben in französischer Sprache, während sie den deutschen Verwandten meistens in der Muttersprache schreibt.

Wohl hat die Verständige den Kindern dadurch beweisen wollen, daß sie, die deutsche Frau, das Vaterland des Gatten vollkommen als das Ihre angenommen habe.

Ihre Schriftzüge sind die einer festen, fast männlichen Hand, im Deutschen ist der Styl eben so rein wie im Französischen und trägt dasselbe Gepräge ernster Festigkeit mit der zartesten Weiblichkeit gepaart.

Im Jahr 1800 hatte der Großvater Türckheim seiner lieben Lilli ein kleines Landgut gekauft, damit sie, während er seinen Pflichten ununterbrochen oblag, die Sommermonate in Ruhe und ländlicher Stille genießen könne. Nur Samstags wenn er nicht in Paris in der Kammer tagte, kam er mit den in Straßburg anwesenden Kindern und Redslob, um den Sonntag mit ihr zuzubringen.

Wenn der Wanderer, von Straßburg nach Barr gehend, ungefähr in der Mitte der großen Ebene zwischen dem Rhein und den Vogesen, unterhalb des sogenannten Glöcklisbergs, das erste Strägchen zur Linken einschlägt, so gelangt er in das Dorf Krautergersheim, wo das Landhaus Lillis lag. Die Gegend hat außer ihrer wunderbaren Üppigkeit, wie jedes flache Land, an sich nichts besonders anziehendes, das Dorf ist keines der hübschesten im Elsaß, allein das kleine Tusculum Lillis hatte doch einen eigenen wundersamen Reiz. An der Nordostseite des Oertchens kam man, durch hohe uralte Kastanienbäume in einen großen, geschlossenen Hof, an dessen rechte Seite sich eine alte Kapelle traulich anschmiegte. Gegenüber lag ein niedliches einstöckiges Wohnhaus mit einem Thürmchen als Treppengebäude an der linken Ecke. Stieg man die gewundene steinerne Treppe hinauf, so gelangte man in eine hübsche, mit alten Kupferstichen gezierte Hausflur, in gerader Richtung, von der Mitte dieser Flur ein Gang, der zu den Wohn= und Schlafzimmern führte, und zur Linken eine sich auf den freundlichen Gartensaal öffnende Thüre, neben diesem geräumigen Saal befand sich ein kleinerer, mit französischem Kamin, wo Lilli an kühlen Herbstabenden ein fröhliches Feuer lodern ließ, bei dessen heiterem Knistern die Familie sich gerne zu trautem Gespräch versammelte. Vom Gartensaal führte eine perronartige, steinerne, von rankenden Rosen umsponnene Treppe in den kleinen Park, dessen An=lagen nach Lillis eigenem Entwurf ausgeführt, die lieblichste Oase in dieser Einöde bildeten.

Nichts traulicheres, heimlich freundlicheres, läßt sich denken als dieser Landsitz, zwischen dem ernst klösterlichen Hof und dem gebüsch- und blumenreichen Park mit seinen großen überall freien Ausblick gewährenden Rasenplätzen. An der Ostgrenze des Gutes war das Ganze durch einen Weiher abgeschlossen, den die vorbeifließende Eha mit Wasser reichlich versorgte.

In der Ferne dehnen sich unabsehbar die sogenannten Riedflächen aus, welche dem ganzen Lande von dieser Seite einen ungarisch-steppenartigen Charakter verleihen würden, wenn nicht im Hintergrund die schönen Schwarzwaldberge wieder an das heimische Allemanien erinnerten.

Meilenweit dehnt sich das grüne, nur von uralten Weidengruppen, hin und wieder unterbrochene Wiesenland aus, hie und da eine malerische Brücke über ein Bächlein, dem Wasser entlang dichtes Erlengebüsch, dann ein einsamer Zieh-brunnen mit dem primitiven steinbeladenen Balken; einige Viehheerden irren in den weiten Grasflächen umher und Zi-geunervolk lagert meistens unter den im Quadrat gepflanzten Riesenweiden.

Wenn von der einen Seite die hoch entwickelte Boden-kultur das reiche Elsaß verräth, so zeigt sich hier das Land gleichsam wie im Urzustand dem erstaunten Blick. Die stille Einsamkeit, nur vom ängstlichen Schrei des aufgejagten Ki-bitzes von Zeit zu Zeit gestört, übt einen geheimnißvollen Zauber auf das Gemüth. Lilli ließ gern ihre Blicke auf dem träumerischen Grasmeere ruhen und hatte ihre Freude an dem eigenthümlichen Anblick.

Wie oft fuhren wir mit ihrer lieblichen Enkelin durch das öde Gebiet, um zu dem benachbarten Gute meines Vaters, nach einem glücklich in Krautergersheim verlebten Tag zurück-

zukehren, und wenn es Nacht geworden und die liebe Furcht=
same sich bei jedem Geräusch an mich drückte, sagte ich ihr
oft: sei ruhig, bleibe ruhig mein Kind, in dürren
Blättern säußelt der Wind! da schienen die alten Weiden
so grau, das Zigeunerlied summte mir in den Ohren und
Lillis Jugendbild an Göthes Seite schwebte lebhaft vor uns.

Doch wenn wir Enkel und Urenkel im kleinen Park
versammelt uns von Lilli und dem Großvater unterhielten,
da war es nicht mehr die jugendliche Gestalt von Dichtung
und Wahrheit, die vor unserer Seele stand, sondern die wal=
tende, tüchtige Mutter mit ihrem treu behütenden Geist und
dem starken Liebesnetz, das sie um alles zu spinnen wußte,
was ihrem Herzen anvertraut war.

In dem kleinen Paradiese, das sie aus der Einöde
hervorgezaubert hatte, war jeder Baum und Strauch uns
heilig und ihr Haus war ein gefeieter Ort.

Hören wir jetzt von ihr selbst, welche kindliche Freude
sie empfunden und welche Thätigkeit sie entfaltete, als sie das
kleine Gut in dem schlechtesten Zustand übernommen hatte,
wir finden die ganze Lilli in dieser Beschreibung:

„Krautergersheim, den 26. Juni 1800.

Weil ich nun Oberbauinspektor geworden, liebe Kinder,
kann ich wenig schreiben, meine Zeit geht dahin im Messen,
Befehlen, Vergleichen, Ueberwachen und, was die Folge davon,
im Rügen und Zanken: ihr seid zu fern von mir, als daß
ich auch an euch, ihr Lieben, mein Inspektoramt ausüben
könnte, was übrigens nicht nöthig ist, da ich ja weiß, wie
gut es mit euch allen geht!

Hier jedoch, wo ich mit Winter und Luise (Bediente
und Kammerfrau) bivakire, haben wir schon so vieles zu

Stande gebracht, daß jedermann darüber erstaunt ist. Ihr müßt wissen, daß, als wir kamen, die Mäuse allein Herren des Hauses waren, die Fußböden vermodert, keine Läden, überall schadhafte Thüren und Fenster, das Dach durchlöchert, so fand ich den Zustand des Hauses.

Doch mit einigen Schlägen des Zauberstäbchens, wie ihr das Ding nennt, habe ich in vierzehn Tagen alles um= gestaltet: neue Fußböden, neue Läden, ausgebesserte und zum Theil neue Thüren (das Beste am alten Material wurde natürlich wieder angewendet), das Dach regendicht gemacht, der Taubenthurm, das Zierlichste hier, wieder aufgebaut, end= lich die zwei Wohnzimmer mit eigener hoher Hand tapeziert, das alles ist in vierzehn Tagen glücklich vollbracht worden.

Die größte Freude habe ich zu sehn, wie nieblich ein= fach unsre Wohnung wird.

Denkt euch, daß ich schon elf Herrschaftspersonen be= herbergt habe, einige mußten zwar mit Matratzen und Schragen sich begnügen, doch achte waren wirklich in guten Betten untergebracht.

Das Haus hat wenig Ansehn, allein es ist herzig heim= lich und gefällt mir u. s. w."

Wie Lilli in ihrer Jugend mit einem graziös gewun= denen Band, mit einer Blume sich zierlich zu schmücken wußte, so richtet sie auch alles in ihrem Hauswesen poetisch, hübsch, aber immer recht praktisch ein.

Hier in diesem trauten Winkel des schönen Elsaßes ver= lebte Lilli in der möglichsten Ruhe für so bewegte Zeiten die Jahre 1800 bis 1814, hier empfieng sie noch ihre alten Freunde. Doch fehlte es freilich auch nicht an Sorgen und Prüfungen, die stete Angst um ihren Sohn Wilhelm, der alle

Feldzüge mitmachte, mehrere male verwundet ward und in Spanien an einer Vergiftung schwer erkrankte.

Auch verlor sie manche treue Seele, die vor ihr ins Jenseits abgerufen, Koch, Reiseisen, der Arzt und Freund, und Blessig, ihr Seelsorger, wurden ihr und dem Vaterland durch einen frühen Tod entrissen.

Im Jahr 1801 erfreute sie der einzige Brief, den Göthe seitdem das Liebesverhältniß aufgelöst war, an sie geschrieben hat, es ist dieses Schreiben die Antwort auf eine Empfehlung Lillis zu Gunsten eines jungen Straßburgers und lautet wie folgt:

„Nach so langer Zeit einen Brief von Ihrer Hand, verehrte Freundin zu erhalten, war mir eine sehr angenehme Erscheinung. Schon vor einigen Jahren versicherte mich Frau von Egloffstein, daß Sie meiner während Ihres Aufenthalts in Deutschland manchmal gedacht hätten, ich freute mich herzlich darüber in Erinnerung früherer Verhältnisse.

Sie haben in den vergangenen Jahren viel ausgestanden und dabei, wie ich weiß, einen entschlossenen Muth bewiesen, der Ihnen Ehre macht.

Wie sehr verdienen Sie das Glück, daß die Ihrigen gerettet sind und Ihre Kinder alle so gutartig vor Ihnen heranwachsen.

Nun möcht' ich auch gerne etwas zu Ihrer Zufriedenheit beitragen, indem ich den Wunsch des H. Kochers begünstigte: sein bei mir eingelaufenes Schreiben soll zwar bestens empfohlen werden, allein ich befürchte, theils daß man die Stelle eine zeitlang offen läßt, bis die neue Gestalt der deutschen Angelegenheiten zu mehrerer Bestimmtheit und Festigkeit gelangt, theils daß einige unter den mehreren Competenten durch nähere Verhältnisse einer Art von Anwartschaft darauf sich getröften können. Dem ohngeachtet will ich nicht verfehlen, das, was unter den gegebenen Verhältnissen möglich sein sollte, zu bewirken.

Leben Sie recht wohl und gedenken meiner auch künftig. Genießen Sie mit den Ihrigen, nach so viel Stürmen, der Früchte des Friedens und einer neuen Ordnung der Dinge. Weimar, den 30. März 1801."

Lilli hat diesen Brief mit Pietät aufbewahrt und den= selben mit Lavaters Briefen sorgsam erhalten.

Im Jahr 1810 fanden Türckheims eine Entschädigung für manches Leid in der aufrichtigen Freundschaft des edeln Paares, welches in der Präfektur in Straßburg beflissen war die Wunden des Landes zu heilen und die Lasten des Krieges so viel als möglich der schon erschöpften Bevölkerung zu er= leichtern.

Herr von Lezay Marnesia, dessen segensreiches Wirken im Elsaß allen Landpflegern als Muster dienen kann, schloß sich gleich beim Beginn seiner Verwaltung mit inniger Ver= ehrung und Freundschaft an Türckheim an.

„Sagen Sie Ihrem Vater," schreibt er im Jahr 1815 an unsern Schwiegervater, „ich bedarf seines weisen Rathes, um hier auszuführen, was ich für das Wohl des Landes vorhabe; er ist der Mann des Elsaßes, seine Meinung wird mich über Verhältnisse und Menschen, die ich noch nicht kenne, gewissenhaft auf= klären, bitten Sie ihn inständig, mir nur einige Stunden zu gewähren."

Ein rührendes Beispiel von Bescheidenheit von einem so ausgezeichneten, genialen Mann wie Lezay war, und zu= gleich ein Beweis, wie sehr es ihm am Herzen lag, schleunigst mit dem Lande durch seine besten Söhne in Berührung zu kommen.

Von der Stunde an, wo Türckheim sich mit Lezay Marnesia über das öffentliche Wohl des Elsaßes berathen hatte, bis zum tragischen Tode*) des unvergeßlichen Präfekten, blieben die beiden edlen Männer in Freundschaft verbunden und wirkten unabläſſig und übereinstimmend für ihren hohen Zweck.

Wenn Lezay Marnesia alles aufbot, um dem schwer ge= prüften Lande einerseits die Wehen und Plagen der Kriegs= laſten, Requiſitionen, Einquartirungen, Brutalität der Solda= teska u. ſ. w. zu erleichtern, so verſäumte er auf der andern Seite nichts, um Ackerbau, Handel und Induſtrie wieder zu beleben.

Seine liebenswürdige Gattin, die ebenfalls mit Lilli in freundſchaftlichen Beziehungen lebte, trug viel dazu bei, die Gemüther zu beſänftigen, die Spaltungen in den Parteien nach und nach verſchwinden zu machen und durch ihren geſelligen, freundlichen, von jeder Parteiſucht fernen Verkehr mit allen eine ſchnelle Verſöhnung herbeizuführen.

Was die Akten und das Brüten der eifrigſten Bürcau= kraten nicht im Stande geweſen wären, nach langen Jahren zu erreichen, das bewirkten magiſch in kurzer Zeit die immer

---

*) Er ſtarb in Folge eines gräßlichen Unfalls im Jahr 1814, er hatte den Herzog von Angoulème in einem vierſpännigen Wagen bis Ittenheim (die erſte Poſtſtation auf der Straße nach Paris) begleitet, im Zurückfahren wurde der Wagen, bei einer zu kurzen Wendung der vor= dern Pferde, umgeworfen, der Degen, den Marnesia unvorſichtigerweiſe nicht abgelegt hatte, brach entzwei und der untere Theil deſſelben drang ſo tief in die Eingeweide des unglücklichen Mannes, daß er nach zwei Tagen der furchtbarſten Schmerzen den Geiſt aufgab.

schlagfertige Gewandtheit des genialen Statthalters, sein weit=
umfassender Geist und besonders die ihm eigene Gabe, mit
Wärme und Lebendigkeit allen, ohne Unterschied der Stände
und politischen Meinungen, unbedingt nahe zu treten.

Im Elsaß war, so zu sagen, kein Bauer, der ihn nicht
gesehen, kein Dorf, das er nicht besucht hätte. Er war der
populärste Mann im Lande und doch den fürstlichen Anstand
beobachtende Vertreter einer nicht immer vernünftigen Re=
gierung, deren Argwohn gegen liberales Wesen im Elsaß er
stets zu beschwichtigen wußte, um dem Lande jede Reaktion
zu ersparen.

Solch ein Mann war ein großer Segen in jenen bösen
Tagen, wo unter dem Druck fremder Heeresmacht die Be=
völkerung aufgeregt war und die Zerrissenheit der Parteien
die Ruhe des Landes gefährdete, während die Regierung alles
that, um eine Versöhnung unmöglich zu machen.

Wenn wir hier dem vortrefflichen Verwalter, dem bie=
dern Edelmann im wahren Sinne des Wortes einen schwachen
Tribut unserer dankbaren Verehrung gezollt haben, so ge=
horchten wir nur dem allgemeinen Gefühle, das noch heute
in unserm Lande lebendig ist.

Wir durften uns übrigens diese kleine Digression in
unserer Erzählung um so mehr gestatten, weil die Erscheinung
Lezays und seiner Gattin einen wohlthuenden Lichtpunkt in
Lillis Leben bildet.

Denn während Türckheim, vielseitig in Anspruch ge=
nommen, meistens in Paris in der Kammer seine Zeit und Ruhe
dem Lande opferte, und die ganze Last der bewegten Lage und
der Geschäfte auf der armen Lilli ruhete, umgaben sie Lezays
stets mit ihrem freundschaftlichen Schutz und ersparten der Guten
manchen Kampf mit den Widerwärtigkeiten jener stürmischen Zeit.

In Paris besuchte Lilli ihren Gemahl nur auf kurze
Wochen, ihr häuslicher Wirkungskreis und die Sorge für ihre
Kinder zogen sie schnell wieder in die Heimath zurück.

Die Sehnsucht nach der lieben Gattin spricht Türckheim
in seinen Briefen oft auf die kindlichste, rührendste Weise aus,
wir können uns nicht versagen, wenigstens einen derselben
mitzutheilen, in welchem er im hohen Alter noch die Zärt=
lichkeit eines Geliebten verräth:

„Paris, den 10. 8ber 1815.

Deine hier anwesenden Kinder sind wohl, liebe Lilli, die
Zeit benütze ich, ihnen alles Sehenswerthe zu zeigen.

Unserm Heinrich schreibe ich heute, um ihn zu ersuchen,
hierher zu kommen, damit er sich mit seinem Obristen, der
ihn zum Rittmeister in einem neu zu errichtenden Regiment
vorschlagen will, verständigen könne.

Heinrich wird mit dir übereinkommen, wie ihr am be=
quemsten die Reise gemeinschaftlich unternehmen könnt; doch,
liebe Lilli, habe dabei nur deine Bequemlichkeit und nicht
meine Sehnsucht nach dir im Auge, denn, du weißt es, deine
Gesundheit, unser höchstes Gut, muß allem andern vorangehen.

Meine Wohnung ist in einem schönen Haus nahe bei
den Boulwards gelegen, sie besteht aus einem Vorzimmer,
hübschen Salon, Eßzimmer, einem großen, schönen Schlafzim=
mer mit zwei Betten, Bedientenstube, Küche u. s. w., alles
unter einem Schlüssel, bequem und anständig, für die Summe
von 180 Fr. monatlich. Mein Frühstück bringt man mir
aufs Zimmer, weil ich Morgens vor der Kammer arbeite,
den Mittagstisch gewöhnlich auswärts beim Restaurateur.

Du siehst, das Haushältchen eines sehr rangirten Herren,
der glückselig sein würde, wenn seine Lilli das alles mit ihm
theilen könnte: wenn? u. s. w.

Ich habe kein rechtes Zutrauen in den Friedensschluß, die Aufhetzungen gegen Lord Wellington, den man vor der neuen Allianz mit Rußland in den Himmel erhob und jetzt mit Schmähungen überhäuft, sind von böser Vorbedeutung.

Doch wenn auch der politische Himmel sich noch so schwarz überzieht, ich bin dennoch ruhig, und sehe mit Ergebenheit und Vertrauen auf Gott in die Zukunft, weiß ich doch, daß er dich und deine Kinder bisher so gnädig behütet hat und wir und unser armes Land in seinem Schutze stehen! u. s. w."

Dieser Brief erinnert ganz an diejenigen des edlen Lord Stafforts an seine Frau, die uns Madame Guizot in ihrem allerliebsten kleinen geschichtlichen Roman, l'amour dans le mariage, mitgetheilt hat.

Es wurde unserer lieben Großmutter noch die hohe Freude, ihre Söhne Fritz und Karl mit schönen und liebenswürdigen Frauen zu vermählen: Karl heirathete eine Gräfin von Waldner Freundstein und Fritz, wie wir es schon gesehen haben, die Gräfin Friederike von Degenfeld Schomberg; auch Lilis Tochter wurde noch vor der Mutter Tod an H. Brunk, Militär-Intendant und Neffe des berühmten Latinisten gleichen Namens, verheirathet.

Wilhelm von Türckheim, ihr dritter Sohn, der sich, wie Jügel sagt, die Rittersporen zu den in Saarbrücken damals verdienten Stiefelchen so würdig und heldenmüthig erworben, wurde erst nach dem Ableben Lilis mit einer Freiin von Dietrich (der Enkelin des eben so edlen als unglücklichen Friedrich von Dietrich*), der letzte Stettmeister von Straßburg) vermählt.

---

*) Friedrich von Dietrich, ein, wie Türckheim, liberal gesinnter, Patriot (in dessen Haus Rouget de Lille die Marseillaise componirte) wurde

Der jüngste Sohn, Heinrich, der im Jahr 1816 in die Militär=Karriere trat und als Obrist der Cavallerie im Jahr 1848 seinen Abschied erhielt, verehelichte sich ebenfalls erst nach dem Tod der Mutter mit Louise Gräfin von Degenfeld Schomberg, der jüngeren Schwester unserer geliebten Schwieger= mutter.

Wenn Lilli nicht die Genugthuung haben sollte, vor ihrem seligen Ende alle ihre Kinder vermählt zu sehen, so waren doch alle in thätige ehrenvolle Laufbahnen getreten und erfüllten ihr geprüftes Herz mit den süßesten Mutterfreuden; auch durfte sie noch sechs blühende Enkelchen auf ihrem treuen Schoose wiegen.

Nach einem so bewegten, thätigen Leben hätte sie wohl noch einige ruhige, glückliche Jahre verdient, allein die zwei letzten waren die allermühevollsten ihres Daseins; von zu vielen Stürmen erschüttert, in steter Besorgniß um die Ihrigen und um ihr bedrängtes Vaterland, war endlich die Kraft ihrer rüstigen Natur gebrochen, im Jahr 1816 fieng sie an zu kränkeln und erholte sich nicht wieder.

Den 11. Dezember desselben Jahres schreibt ihr Gatte an seinen Sohn Fritz:

Der Doktor Ostertag wird dich, lieber Sohn, über den Zustand deiner lieben Mutter unterrichtet haben.

Ohne gerade gefährlicher krank zu sein, nehmen doch ihre Kräfte zusehends ab. Sie hat den Wunsch geäußert, vor

---

verbannt, blieb einige Zeit in der Schweiz, doch als er Freunde und Verwandte in Gefahr wußte, kam er heldenmüthig zurück, um seine Un= schuld vor dem Revolutionsgerichte zu beweisen, fiel aber, ohne langen Prozeß, auf der Guillotine in Besançon den häßlichen Leidenschaften der Jakobiner zum Opfer.

Weihnachten noch das heilige Abendmahl zu genießen, um
Kraft und Ruhe in ihrem Leiden zu erhalten.

Dieser Drang nach dem Heil will ihre Kinder, als
Zeugen ihres Glaubens und ihrer Ergebung in Gottes Fügung,
um sie her versammelt sehn. Sie bittet euch darum und wird
euch mit Zärtlichkeit bei dem Mahle des Herrn vereinigen,
ihr, die ihr alle gleich nah an ihrem Herzen lieget u. s. w."

Sie verschied ruhig, milde, Gott ergeben, wie sie gelebt
hatte, den 6. Mai 1817 von den Ihrigen umgeben, in den
Armen des treuen Gatten, der sie so liebevoll durchs ganze
Leben hindurch auf den Händen getragen hatte.

In folgenden Worten meldet der tief gebeugte Lebens=
gefährte Lillis ihren Tod seinem Schwager Schönemann:

„Die Schwester schläft, Schlaf und Tod sind Brüder.
Der ewige Vater, der diesen schönen Geist in einer Stunde
der Gnade mir zugesellte, und so viel Segen durch Sie auf
mich fallen ließ, hat die holde Lilli abgerufen. Gestern abend
verschied Sie sanft in meinen, der Lilli Brunk und der Fritze
Degenfeld Armen. Das Band, das mich seit bald vierzig
Jahren so innigst mit Ihr vereinte, ist nicht getrennt, und ich
wandle jetzt einsam hier mitten unter den Schöpfungen Ihrer
ländlichen Freuden, mit dem Bewußtsein, daß bis in der
letzten Stunde Ihre Hand noch segnend mich als Freund ihres
Herzens bezeichnete. Deiner lieben Tochter und Gemahl,
deiner Gattin und älteren Freunden Metzler, Meier, Lefaye
und Brevillier sei das Andenken der Lilli heilig.

Ich umarme dich.

Türckheim."

Ihr Leben war ein köstliches, denn es war
Mühe und Arbeit gewesen.

Die Blüthe, welche Göthe so reizend schildert, hatte sich zur herrlichen Frucht entfaltet.

Im Scheiden hat sie das Licht, nach welchem jener mächtige Geist so eifrig forschte und nach dem er, unbewußt was er sagte, sterbend noch verlangte, in aller Einfalt im Herzen getragen und ihre Seele dem Herrn, mit dem vollen Bewußtsein der Erlösung durch Jesum Christum zurückgegeben. Von Lilli sollte kein äußeres Denkmal bleiben: ihr Haus hat der Krieg zerstört, ihre stille ländliche Wohnung, ihr nied= licher Park, nach dem Ableben ihres Sohnes in fremde Hände gerathen, wurden der Erde gleich gemacht; ihre sterbliche Hülle ruhet neben der ihres Gatten in der kleinen Kapelle, die allein noch Familiengut geblieben ist.

Ihr Gedächtniß aber wird in allen edeln Herzen fort= leben.

/

Anhang.

———

Das Interessanteste aus dem Briefwechsel Lillis theilen wir dem Leser
in diesem Anhang mit.

———◦◦◦———

1783.

Lavater und Reichard (der Componist)
schreiben an Lilli auf demselben Blatt:

Liebe Türckheim, noch selten kamen auf einem Blatt
zween so ungleiche Freunde (Dichter und Musiker) zusammen,
aber noch seltener so in einem Herzen — bald hätt' ich ge=
sagt, wie Deines.

Reichard und Lavater sind wirklich zwey sehr verschiedene
Wesen, aber wenn einer von beyden der Türckheim nicht so
herzgut wäre, so könnten sie sich gewiß nicht so herzgut sein
als sie sind.

Das große Geheimniß der innigen Freundschaft ist
wechselseitig sich respektirende Freyheit —, ohne die mindeste
Anmaßung etwas zu dem Andern hinzu oder davon zu thun.
Dieß unbefangene Zusammenseyn, dieß Freylassen im Ein=
genuß — oder Nichtgenuß, diese Behaglichkeit im Mit=
genuß, dieß Nichtnotiznehmen von der freyherrlichen Eigen=
heit des Andern, auch wenn sie von der Unsrigen himmelweit
divergirt, diese rastlose Nonschalance (sic) in Ansehung der
anscheinenden Corrigibilität des Andern, (ich merke mit
ein mal, daß ich wie ein Barbar schreibe) ist eine so seltene
Sache, daß auch blos das Gefühl ihrer Seltenheit uns auf
die neu'ste froh'ste Art berührt.

Türckheim, v. Lillis Bild.   6

Liebe Türckheim, wenn ich fehn kann, hab' ich viele
Freyheit des Geistes, viele Reinheit des Herzen in dir gesehn.
(Ganz frey ist kein Menschgeist (sic), ganz rein kein
sterblich Herz.) Diese Freyheit und Reinheit wird dich, edle
Seele, viel leiden und viel genießen machen, wo kein Anderer
leiden und genießen kann.

Leide und genieße — als Liese Schönemann und
als Liese Türckheim, und bleibe, so lang du bist, Reichard's
und Lavaters Freundin.

Zürich, d. 22. Febr. 1783.   L.

_____

Reichard an Lilli.

Es wurde mir sehr schwer von Ihnen zu gehen, liebe
edle Frau, und noch schwerer von Straßburg zu gehen ohne
Ihre lieben Zeilen zu erwiedern. Zu lebendig war mir's
aber in der Seele es sey besser mit unserm edeln Freund ge=
meinschaftlich zu schreiben; das geschieht nun, und nun ist
mir die Seele so voll des innigsten Antheils an ihrem edlen
Wesen, an Ihrer Lage, an Ihrem, Gott! mich so ängstigenden
Trübsinn, daß ich nichts zu sagen weiß. Hätten Sie doch
einen der glücklichen Tage, die ich bis heute hier lebte, unter
uns verleben können, o das würde Ihnen unendlich mehr
glückliche Stimmung gegeben haben als alles was wir Ihnen
sagen können. Aber das Eine doch noch: unterlassen sie nie
an sich zu beobachten wie jede Widerwärtigkeit neue Kräfte
in uns erweckt und in Thätigkeit bringt, die, ohne das, stets
schlafen und einzig und allein den selbständigen, sorgenver=
läugnenden und eigenmächtig genießenden Menschen geben, der
mit tiefem, festem Blick in sich und in Andere, die Herrlichkeit

Gottes vernehmen kann so wie sie war und sein wird, Das giebt dann Muth und hohe Heiterkeit, die alles Leben jugend= licher Freude und Fantasie weit übertrifft.

Gott erhalte Ihnen Ihre Lieben alle, Gedenken Sie meiner in Liebe, die Stunden in Ihrer Nähe verlebt, sind mir unvergeßlich.

Zürich den 22. July 1783.

Reichard.

_____

Sehr leserlich auf kleiner Visitenkarte mit grauem Rahmen
(hübsch für jene Zeit. 1782.)

Lavater an Lilli.

Die Hand, die diese Zeilen schreibt trocknete gern, dann und wann, eine Thräne von dem sanften Auge der edeln lieben Türckheim, drückte gern dann und wann ihre sinkende Linke mit dem Bruderworte: Es ist Ehre Tragen zu können, zu wollen, zu ertragen; das Unveränderliche anbehtend (sic) leiden, das Erträgliche schmeichelnd dulden, in jeder Nacht des nie ausbleibenden Morgens harren, in seinem Kreise sanftest, ernst, froh wirken und durch's Missen zum Genießen sich er= heben.

So, liebste Türckheim, bildet man sich, vor den Augen des niederschauenden Himmels, zu überirdisch Freuen, zu über= königlich Ehren.

Richterswyl den 13. fev. 1784.

Johann Casp. Lavater.

— ——

6*

D. den 25. 4. 1790.

Lavater an Lilli.

Liebe Lili

Es that mir wohl auch wieder einmal eine Zeile von Ihrer lieben Hand zu sehen, aber nicht wohl daß ich noch keine Möglichkeit sehe Ihrem weisen, mütterlichen Verlangen zu entsprechen.

Ach daß ich nicht so ein leerer Mann wäre; daß ich jedem Rathsuchenden etwas Raths ertheilen könnte!

Ich werde indeß rechts und links schauen, ob sich ein guter Genius für Ihre Familie zeige? Von den hiesigen Candidaten wüßte ich keinen, der vorzuschlagen wäre. Herzlich wünsch' ich, daß bald sich jemand hervorthue der ein Segen Ihres Hauses werde.

Nur liebe Menschin (sic), suchen Sie doch keinen übermenschlichen Menschen, unter so vielen kaum menschlichen Menschen!

Jeder, wer er immer sey, hat Adams Fleisch und Blut an sich.

O, Liebe, wir sind alle, und am meisten die aller freysten, gebunden — muß ich auch bei diesem Anlaße sagen: wir können uns nicht erlösen!

Dulden, gelassen hoffen, so viel wirken als sich mit zehn ungebundenen Fingern wirken läßt, können wir.

Erlösung ist Lohn der möglichsten Geduld und der möglichsten Wirksamkeit, bei unserer unverschuldeten Gebundenheit.

Wir sind im Exilium — in Aegypten erst, dann in der Wüste — dann kommen wir mit blutigen Schwertstreichen ins Land Canaan —, dann dauerts noch lange und fallen noch manche Schreckensszenen vor, bis ein Salomo kömmt,

und es heißt: Er ist ein Herr über alle Könige vom Euphrat
an bis an das Land der Philister und an die Landmarch
Aegypti, und der König machte zu Jerusalem des Silbers so
viel als Stein auf der Gasse und der Cedern so viel wie der
wilden Feigenbäume in den Gründen!

Liebe Lili, oh, fordere so wenig von deinen Kindern wie
möglich, aber dieß Wenige so ganz und so einfach wie mög=
lich, von den Lehreren so wenig wie möglich . . . .
Du bist eine treffliche Mutter — aber wer kann vor
Deiner Vortrefflichkeit bestehen?

Ich ende wo ich anfing —
O daß ich jemand wüßte, der gerade so wäre wie Dein
weiser mütterlicher Brief verlangt!

Ist's indeß Bedürfniß des Inwendigsten Menschen, so
erwarte Erfüllung Deines kühnsten Verlangens.

Alles ächte Bedürfniß ist Stimme Gottes — Ja! Amen!!

Herzliche Grüße an den lieben Friederich!

Reich an Frieden ist der wenig nur will und doch
ganz will.

Die Dorothea von Wirtemberg und Tiemann sind hier.

Wir sprechen über wichtige Dinge — ob was Ewiges
wird herauskommen — sey dem Ewigen überlassen!

Abieu — liebe, gute, weise, mütterliche Lili.

Wann sehn wir einmal das

Geschwisterpaar,

Fritz und Lili,

In Zürich?

O. den 25. 4. 1790

Johann Caspar Lavater.

Lavater an Lilli.

Auf einer Karte mit Blumenrand und mit der Aufschrift:
An die Türckheim.

Auch schweigende Freunde bleiben Freunde — doch lieblich erschallt jeder Laut der Freundschaft in Freundes Ohr! Der Herr sey gelobt, daß es Euch leiblich geht! Er verläugnet sich nie, auch wenn er sich verhüllt. Das Schwerste, Nothwendigste, Belohnteste ist das athemlos, kindlich Harren Seiner.

Orbath. Lavater. 10. Dec. 1796.

Folgender Brief Lilli's an ihren Bruder ist zwar schon von Jügel veröffentlicht worden, wir theilen ihn aber dennoch hier mit, weil wir denken, es wird dem Leser lieb sein, auch den deutschen Styl Lilli's beurtheilen zu können und weil dieser Brief Lilli in ihrem schlichten, biedern Wesen erscheinen läßt.

Erlangen 31. August 1794.

Du hast zu oft und warm jeden Anlaß zu Freud und Leid mit mir getragen und getheilt, als daß es nicht Bedürfniß meines Herzens geworden wäre, dir jedes Gefühl meiner Seele mitzutheilen. Ich überzeuge mich aufs neue, welchen lebhaften Antheil du an unserm neu erwählten, dem Scheine nach wenigstens, ruhigeren und vergnügten Aufenthalte nimmst, und eile dir einiges Nähere darüber zu berichten.

Wie schwer mir die Trennung von euch geworden, das wirst du aus meinem Schweigen, mehr noch als aus allen Aeußerungen, entnommen haben, denn niemals war mir der Umgang mit Freunden wohlthätiger, als nachdem wir, allen gesellschaftlichen Freuden so lange entwöhnt und unsere Gefühle in uns selbst verschließend, fast jeder uns wohlwollenden Anregung entsagen mußten.

Während unseres Aufenthalts auf dem Lande war es mir zum Ideal von Glück geworden, mich in den Kreisen meiner Freunde zu denken; aber bei dir, mein innigster Freund und Bruder, sah sich selbst mein höchstes Erwarten noch übertroffen.

Durch meine Jugendfreunde so herzlich empfangen, durch allseitiges Wohlwollen so liebevoll bewirthet, was blieb mir zu wünschen übrig?

Aber ach! wer darf es wagen, ein fortdauerndes Glück auf Erden zu hoffen? wir mußten uns trennen, fern von Verwandten und Freunden ein neues Vaterland suchen und ich mich des Glückes wieder entwöhnen, dich mein Bruder, und meine vertrautesten Freunde mir zur Seite zu sehn.

Aber ich will nicht klagen, still und muthig will ich jedem Ereigniß entgegensehn und vertrauungsvoll den Winken meines Vaters folgen, der mich bis daher so glücklich geleitet — doch von euch allen und besonders von dir, mein Bester, getrennt zu bleiben: ach! das wäre zu hart!

Wir sind hier in einem schönen, gesunden, durch gute Menschen bewohnten Städtchen, haben uns über die uns gewordenen freundlichen Aeußerungen nur zu freuen und versprechen uns ein ziemlich angenehmes, besonders aber lehrreiches und ökonomisches Leben. Bei meinen Knaben hat der Unterricht bereits angefangen, bei Lilli wird er vorbereitet und Türckheim schickt sich ebenfalls an Collegia zu hören.

Eine meiner Erwartungen schlug leider fehl, denn ich traf nicht, wie ich hoffte, eine ausgerüstete, sondern nur eine ziemlich kahle Haushaltung an, und ich muß daher deine liebe Frau bitten, mir noch manches in der Messe zu kaufen.

Gerne würde ich ihr die damit veranlaßte Mühe ersparen, aber die Unmöglichkeit hier das Nöthige zu bekommen, und die Gefälligkeit, mit welcher sich deine liebe Frau stets für mich verwendete, wird meine Bitte entschuldigen.

Die politische Stimmung scheint hier gut, doch bei alle dem so gespannt zu sein, daß es nur eines unerwarteten Anstoßes bedarf, um alle unruhigen Köpfe in Bewegung zu setzen. Auch giebt es der Anhänger zu den heutigen Neuerungen die Menge. Doch Herr B. will, ich soll schließen, und ich muß Folge leisten. Zuvor aber, mein Bester, nochmals meinen innigsten Dank für alle Liebe und Aufopferung von Mühe, Zeit und selbst von Gesundheit, sowie für die unwandelbare Freundschaft, die du uns allen bewiesen, und bleibe meiner aufrichtigen Liebe und Erkenntlichkeit versichert.

Küsse mir deine gute Mimi in unserer aller Namen; Gott erhalte sie dir so rein und gut, wie du es dir von deinem Kinde versprechen darfst. Möchtest du immer so ungestört von Verfolgungen bleiben, wie du es verdienst und wie es dir von Herzen wünscht deine dich liebende Schwester

Lise Türckheim.

Den 12. Oktober 1794 schreibt Lilli an denselben Bruder:

Billig solltest du dich über mich beklagen, mein Lieber, denn mein Stillschweigen ist fast bis über die Maßen unschicklich. Auch hätte ich Ursache, auf eine begründete Entschuldigung bedacht zu sein, wäre mir deine so duldsame Liebe nicht bekannt, die mich gewiß im Voraus freispricht.

Euerer so hülfreichen Vorsorge haben wir es zu verdanken, daß wir nun so ziemlich eingerichtet sind. Dagegen hat mir eine minder liebreiche Begegnung die eben nicht sehr angenehme Beschäftigung zu theil werden lassen, mich mit Bettzeug versehn zu müssen. Ein Mißverständniß nämlich zwischen Frau und Herrn B., welche Erstere alles versprach und Letzterer nichts hielt, war die Veranlassung dazu. Ich habe nun in Nürnberg ziemlich wohlfeile Einkäufe gemacht, und nun nähen wir darauf los.

Du wünschest zu erfahren, ob wir bereits Gelegenheit hatten, uns hier nähere Bekanntschaften zu bilden, und ob sie für Herz und Geist befriedigend sind? bestimmt wage ich es noch nicht meine Meinung darüber auszusprechen, auch über niemand noch, Frau Professor Bregern ausgenommen, die meinem Herzen sehr lieb geworden ist. Im Ganzen genommen scheint man eben nicht besonders gesellschaftlich zu sein, obgleich sich alles sehr herumtreibt und dem Vergnügen nachjagt. Der Ton der Gesellschaft sowie der Studirenden ist übrigens ein ganz schicklicher. In sehr zuvorkommender Weise bezeugt man uns Achtung und Freundlichkeit hier, da es aber nicht in meinem Charakter liegt, mich vorzudrängen oder schnell Verbindungen anzuknüpfen, so erwiederte ich nur bis daher die uns dargebotenen Höflichkeiten, ohne mir jedoch einen näheren Cirkel zu bilden.

Die Frau Markgräfin von Anspach, die wir zu sehen nicht gesonnen waren, weil Aufwand von Zeit und Putz nicht unsere Sache sein kann, ließ meinem Manne sagen, daß sie sich gar wohl erinnere in seines Vaters Hause höfliche Aufmerksamkeiten empfangen zu haben und daß sie daher hoffe, ihn bei sich zu sehen. Er folgte der Einladung und wurde äußerst artig empfangen; sie sagte ihm, daß sie auch mich zu sehn hoffe, und schickte sofort Musik für Lilli (ihre Tochter) und Obst für mich, allein ich konnte mich lange nicht ent-

schließen meine Aufwartung zu machen, da dergleichen meinem
Lebensplan entgegen zu sein schien. Endlich begegnete ich ihr
auf der Promenade, und nun mußte ich sie besuchen. Dies
öfters zu wiederholen, hieße jedoch der Höflichkeit ein Opfer
bringen, das mich in meiner Lage geniren würde; glücklicher=
weise aber ist sie abgereist und ich kann still und häuslich für
mich fortleben.

Wir haben hier mehrere Landsleute getroffen, die hier
studieren und in der Ungewißheit ob sie bleiben können oder
in ihr Vaterland zurückkehren müssen, sich einer gewissen Sorg=
losigkeit hingeben.

So erhielten wir auch vor einigen Tagen einen eben so
unerwarteten als angenehmen Besuch von dem jungen Hecht
aus Straßburg (wahrscheinlich Moritz) einem gebildeten feinen
jungen Manne, der wie die meisten Andern, zwischen Pflicht
und Ueberzeugung schwebte, sich im Rückblick auf sein Vater=
land einstweilen pflichttreu beruhigend, weitere Berichte, die
ihn bestimmen sollen, erwartet.

Unbegreiflicher wird es mir jeden Tag, daß die Neigung
der Deutschen für Frankreich so groß und ihr Durst nach
Neuerungen so unersättlich ist, denn, mehr als jedes andere
Publikum, scheint das von Nürnberg dem Convent ergeben zu
sein; auch hier hat derselbe seine Anhänger und Verehrer,
und daher ist Vorsicht ein Hauptingredienz der Gesellschaft.
Doch ist man im Allgemeinen ziemlich billig. Französische
Emigranten mag man nicht, auch bei der Frau Margräfin
sind sie nicht empfangen. Ihr Ton und ihre Grundsätze miß=
fallen durchgehends. Glücklicherweise setzt man uns nicht in
eine Klasse mit ihnen, auch sehen wir keinen derselben, weil
sie wirklich mit zu viel Prätensionen auftreten.

Meinen Schwager erwarten wir im Laufe des Monats

unb mit ißm Christian, der ßier stubiren soll; wie seßr ich mich freue sie zu seßen, kann ich dir nicht beschreiben, denn mein Herz leidet öfters unter der Trennung von allen Ver= wandten u. s. w.

Strasbourg le 20. 8bre 1797.

Au citoyen Fréderic de Turckheim à Paris.

Je fais quelquefois un éffort sur moi — même, pour voir à quel point il me serait possible de supporter la privation de ne pas vous écrire, mon bon ami, mais le résultat me prouve toujours qu'il est plus facile à mon esprit qu'à mon coeur de se contenir, et que j'ai besoin de vous dire combien je vous aime.

Je suppose M. M. Taillon et Hecht arrivés et pense que cela me vaudra bientôt un mot de votre part.

Lilli (ißre Tochter damals 17 Jaßre alt) me demande avec impatience de vos nouvelles, depuis quelques jours elle est avec quelques unes de ses amis au couvent (ein benachbartes Landgut) non à titre de novice, ni à ce· lui de pénitente, non plus pour se sauver de moi et me revenir ensuite avec d'autant plus de bonheur, non, tout simplement pour répondre à la douce voix de l'amitié et jouir de la société de Louise et de Sophie, qu'elle aime toutes deux tendrement.

Elle est partie, courageuse et contente de tout, comme vous la savez, mais de la manière la plus drôle du monde: ne voulant pas attendre que j'aille moi même à Ittenwiller, elle est partie lundi, en société d'un honnète vieux potier, d'un paysan et de sa femme de chambre,

dans une voiture à 36 portières (Leiterwagen), munie d'un
grand parapluie, entourée de caisses, de petits et grands
tonneaux, de paille et de foin, accompagnée des béné-
dictions maternelles et de l'ébahissement des passants;
ma joie était grande de la voir gaie, souriante et ravie
de son aventureuse expédition.

Le vieux Beck, qui faisait par hasard le même
chemin, ne l'a reconnue qu'à Ittenwiller et n'en voulait
pas croire ses yeux.

Je suis heureuse de savoir Lilli avec ses aimables
amies, ce petit séjour lui fera du bien, elle est, du reste,
comme je veux qu'elle soit, naturelle, simple et douce
et si peu exigeante pour une jeune personne de son âge,
je jouis d'elle comme d'une amie et ne puis que remercier Dieu du bonheur qu'elle me donne, mais je la plains
et l'admire, à la fois, de la peine qu'elle se donne de
se détacher de tout pour être plus entièrement à ses
parents.

Notre vie est presque trop sérieuse pour son âge,
nous sortons peu, passons presque toutes nos soirées à
lire et chacun de nous se fait un plaisir de ses occupations.

J'irai avec Papa chercher Lilli et me fais fête déjà
de la revoir et d'embrasser nos amies.

Les malheurs des D. ne contribuent pas peu à donner
de l'energie au caractère de Lilli, elle en est vivement
affectée et ne voudrait jouir d'aucun plaisir sans son
Amélie, ni rester en-arrière lorsqu'il s'agit de s'imposer
des privations. J'ai passé mes journées d'hier et d'avant-
hier avec cette malheureuse famille, pour partager avec
eux le chagrin que leur a causé la perte subite du petit

Paul Emile, je vous assure que je suis revenue malade
des scènes déchirantes auxquelles j'ai assisté: le fils aîné
attaqué d'une maladie de nerfs, se roulant par terre
dans ses attaques, la mère dans son lit, navrée des douleurs de son fils, voulant à toute force aller à son secours, à peine pouvions nous la retenir dans son lit, et
la pauvre jeune femme, prète à accoucher, donnant alternativement ses soins à son mari et à sa belle mère,
souriant à l'un, pleurant avec l'autre, cherchant à se
mettre à l'unisson avec tous deux et son pauvre petit
enfant venant innocemment tendre ses petits bras et
souriant à son père, comme s'il savait qu'il a besoin
d'être consolé. Tout cela m'a donné une tristesse que
je ne puis vous dépeindre et m'a fait faire bien des ré-
flexions.

Je te remercie, mon cher fils, des détails que tu me
donnes de la famille J. Lilli est flattée de la ressem-
blance que tu lui trouves avec l'une des demoiselles, et
ne conçoit pas comment il est possible de lui ressembler,
car elle prétend que sa physionomie est trop bizarre,
qu'on ne pourrait sans regrets lui être comparé, elle desire
cependant acquérir, par la bonne grâce de son maintien
et par la culture de l'ésprit, ce que la nature lui a ré-
fusé du coté de la beauté.

Adieu, cher ami, sois sage, mais ne t'en vante pas,
on ne pardonne pas à un jeune homme de poser pour
la vertu, il faut être vertueux sans le faire paraître.

Nous avons vu M. B., ancien ami de ton père, il
retourne à Paris et veut te voir, il est de ces hommes
dont la vertu peut servir de rempart à d'autres moins
expérimentés que lui, je te conseille de te rapprocher de lui.

La caisse contenant 12 bouteilles de Kirschwasser
et 12 bouteilles de vin de paille est partie avec la chou-
croute, tu offriras tout cela d'une manière honnête, et à
titre de produits de ton pays.

Je t'embrasse de coeur
ta mère
Elise.

Strasbourg (ohne Datum, wohl aber 1797).

Der Brief trägt die Aufschrift: Au citoyen Fréderic du Turckheim
à Paris.

Nos lettres se sont croisées, mon cher fils, et le
retard d'une réponse décisive, que vous attendiez, vous
a peut-être laissé dans une fâcheuse incertitude etc. etc.

Hier giebt die weise Mutter dem in Paris zum ersten
mal einsam stehenden noch unerfahrenen Sohn die nöthigen
Anweisungen für seine kleine Einrichtung und seine materiellen
Bedürfnisse, dann auf die gesellschaftlichen Beziehungen übergehend, fährt sie fort:

Je comprends parfaitement, mon cher ami, combien les avantages d'une société aussi choisie vous en-
chantent et vous séduisent et combien vous êtes flatté
de l'idée d'en faire votre profit pour votre développement
intellectuel, mais permettez au coeur d'une mère, unique-
ment occupé du vrai bonheur de ses enfants, de donner
cours à ses impressions et de vous communiquer quelques pensées qui me paraissent dignes de fixer votre
attention.

Vous n'ignorez pas les motifs qui, tout d'abord,
me firent désirer votre départ et vous savez, sur quelles

bases reposaient les espérances que je formais à votre
sujet.

J'ai cru que pour vous conserver la confiance de
votre père, il était urgent de vous ouvrir une carrière
active, afin de vous faciliter les moyens de vous rendre
utile et agréable à ses yeux; vous n'avez pas seulement
senti la justesse de mes motifs, mais vous les avez justi-
fiés par la manière dont vous avez jugé les choses, et
votre père, satisfait de nos projets et de leur bonne réus-
site, espérait tout de votre séjour à Paris et de l'amitié
clairvoyante de Heisch; le sort en décide autrement, cet
ami vous est enlevé et je craindrais cette contrariété si
je ne savais qu'il ne tient qu'à vous de tirer un parti
avantageux des circonstances les plus fâcheuses.

Vous n'avez plus à la vérité cet ami sûr et éclairé,
qui, fidèle en toutes choses, connaissait si bien nos
affaires, nos relations et pouvait vous guider dans vos
débuts à Paris. Vous êtes seul désormais dans un
monde étranger et nouveau, seul peut-être de votre
opinion et de vos principes, dans un moment si décisif
pour votre avenir. Vous devez juger par vous-même,
comparer, choisir, en un mot vous devenez tout à coup
ſelbſtänbig; cela pourrait vous effrayer, mais rassurez
vous, là est le bon côté de cette contrariété, si vous savez
en tirer parti.

Vous me parlez des hommes, qui composent la
société que vous fréquentez, comme de personnes éclai-
rées et d'infiniment d'esprit? mais il en est de ces hommes, ainsi que d'une collection de beaux livres dans la
main d'un jeune homme sans expérience, il les lira sans
ordre et sans choix et n'en fera pas l'application utile

à sa vie, à son développement, il se croira même instruit parcequ'il aura beaucoup lu et sa tête ne se trouvera meublée que d'idées vagues, décousues, souvent en opposition entr'elles, l'avantage d'une telle lecture sera au moins problématique.

Pardonnez moi, cher fils, de vous assimiler avec un jeune homme aussi novice, mais ne l'êtes vous pas un peu dans l'art de juger les hommes? leur esprit, leurs raisonnements vous entrainent, leur manière de voir et de juger vous enchante, et je crains que mon bon Fritz ne se trouve quelquefois égaré par la subtilité de sophismes présentés avec art.

Je ne connais, à la vérité, ni les principes, ni la moralité de ces hommes que vous vantez tant, mais je sais qu'il en est bien peu qui ont conservé cette pureté de moeurs et de principes, qui est l'apanage des belles ames, et que le vernis de la grande société ternit malheureusement trop vite, il est surtout peu d'hommes de notre siècle, qui ont sauvé du naufrage de leurs coeurs les sentiments religieux et le respect pour les choses sacrées, trésors que l'on sacrifie si légèrement pour des biens qui ne valent pas la peine qu'on les amasse.

Loin de moi cependant, mon cher 'fils, la pensée que la fréquentation de la société ne vous soit point utile, je veux seulement vous mettre en garde contre des idées et des principes qui pourraient altérer en vous ce que nous avons semé, cultivé, développé avec tant d'amour et de soins dans votre coeur, — dans ce coeur si pur et si facile à s'enthousiasmer pour le bien, mais ignorant les pièges que le monde aime à tendre à la vertu.

De quel secours la conversation de Heisch ne vous eût-elle pas été dans ce moment! M⁰ de B. me parle d'un homme sûr qu'elle veut associer à vos occupations, cette idée m'enlève une partie de mes craintes. Je vous vois alternativement au travail, à l'étude et dans les distractions de ce cercle qui, peut-être, décidera de votre bonheur ou de votre malheur et je lève les mains au ciel pour prier Dieu de bénir tous vos pas, je me plais aussi à croire que vous êtes toujours occupé de l'idée de notre approbation et de notre présence à tout ce que vous ferez, nous attendons beaucoup de vous et vos amis se plaisent à justifier la bonne opinion que vous nous inspirez.

J'ai prié Papa d'écrire à M⁰ de B. et vous ordonne de remettre de suite cette lettre, si toutefois vous n'avez pas pris d'autres engagements.

Fuyez les foules et les rassemblements, ne soyez point curieux, faites comme moi, qui n'ai d'autre curiosité que celle de recevoir de vos nouvelles et de m'entendre dire que vous aimez celle qui vous chérit de toute la force de son âme

Elise.

Paris 1. Janvier 1816.

Lilli an ihren Sohn Fritz.

Il y a d'anciennes habitudes, mon cher fils, qui se lient à des souvenirs trop heureux pour qu'il me soit jamais possible d'y renoncer, je trouve ici l'usage de souhaiter la bonne fête si bien établi, que je m'y soumets avec un plaisir nouveau et auquel mon coeur n'est jamais devenu étranger.

Tu connais, mon bon ami, toute l'étendue des sentiments qui me lient à toi, le besoin que j'ai de conserver la tendresse et la confiance de mes enfants, et tu ne serais pas étonné d'y voir ranger en première ligne la félicité de la conserver, si, avant tout, le coeur d'une mère n'était occupé que du bonheur de ses enfants!

Je demande à Dieu la conservation de mes bien chers Fritz (Sohn und Schwiegertochter nannte fie Fritz) et de leurs descendants, puissent ils jouir toujours de cette intimité parfaite, qui naît de l'harmonie des sentiments et n'avoir jamais à souffrir des troubles, que donnent des influences étrangères et malignes!

Que Dieu bénisse vos enfants et les soins que vous donnez aux premiers développements de leurs caractères.

Je me demande souvent: si la providence, en me séparant d'une partie de ceux qui me sont chers, ne veut pas me faire sentir que je les aime trop, veut-elle me faire un devoir de rechercher aussi d'autres soins et de donner une autre tendance à mon esprit? Je ne sais! mais quel que soit le but de la providence, je tâcherai de bien employer mon tems et de faire le bien, toutes les fois que j'en trouverai l'occasion.

Votre bon père est toujours bien occupé et souvent attristé de n'obtenir pas plus de résultats pour le bien général, il est triste d'être obligé de se dire, que la tendance vers un résultat heureux, agit en sens contraire lorsqu'elle est éconduite par la fougue des passions.

Le rapport sur l'amnistie a été communiqué aujourd'hui à la chambre, la séance devait s'ouvrir à midi, mais à onze heures il n'était plus possible d'y entrer, il est probable que la discussion se prolongera pendant plusieurs jours; on se plait à croire que la réponse du Roi aux députés, le jour de l'an, donnera une direction plus calme aux débats, qui ont été très vifs, vous les lirez dans les journaux.

J'ai vu ici une de tes premières inclinations, qui m'a demandé de tes nouvelles avec le plus grand intérêt: M⁰ II, autrefois M¹¹ᵉ J., est une femme charmante, citée aujourd'hui pour les soins assidus et vraiment touchants qu'elle donne à l'éducation de ses enfants, comme elle l'était autrefois pour ses talents brillants et agréables; elle a épousé un Suédois fort riche qui vit ici de ses rentes.

Une autre jeune personne, qui avait fixé mon attention, Mᵉ E. est bien intéressante, elle est retirée avec sa mère et sa soeur à l'Abbaye aux bois, où elles vivent très retirées et très économiquement, elle se trouve heureuse parcequ'elle a su se créer un bonheur indépendant des circonstances, mais sa mère dont les habitudes tenaient plus aux jouissances du monde, ne l'est pas autant, elle est mère et n'a aucun de ses enfants placé. Elle m'a parlé de toi avec une tendresse, une émotion toutes maternelles.

Je ne me trouve jamais dans un cercle sans observer la belle jeunesse d'un oeil attentif, mais je n'ai encore rien trouvé qui fixe mes pensées les plus chères d'une manière plus directe. Il y a cependant quelques jolies personnes, mais elles ne portent point ce cachet qui fait que l'on voudrait s'associer aux pensées de leur

coeur et que l'on desirerait se former d'elles des anne-
aux dans la chaine du bonheur intérieur.

Papa t'embrasse et moi je te serre sur mon coeur.

Ta mère

Elise.

P. S.

Ton frère G. a quelquefois le mal du pays, tu
ferais une bien bonne oeuvre si, malgré tes nombreuses
occupations, tu lui écrivais de tems en tems, tu ne peux
te figurer à quel point il t'aime et te respecte, un mot
de ta part a une influence plus grande que je ne pouvais
le croire: Je t'aime doublement quand je te vois exercer
cette influence heureuse sur ta soeur et tes frères. Que
Dieu t'en récompense!

Encore Adieu!

---

6. Mars 1799.

Lilli an ihren Sohn Fritz.

Nous avons bu hier à la santé de nos chers Fritz
et tu peux penser, cher ami, que tu n'étais pas le dernier dont on se soit occupé; il faut cependant te dire
que, tout en faisant des voeux pour la conservation d'un
fils qui nous est si cher, nous lui reprochons de nous
négliger un peu; les besoins du coeur sont d'autant plus
impérieux quand l'esprit est tourmenté par des peines.

Le sort de ton frère est fixé, il vient d'être nommé
S Lieutenant au 7e hussards, je ne puis te cacher que

je suis éffrayée de voir G. dans cette carrière, avec son
esprit impétueux, et qu'il m'en coute de renoncer aux
belles espérances que m'avait fait concevoir celle à laquelle mon coeur s'était plu à le destiner (la diplomatie).
Ton père approuve et sanctionne la résolution de ton.
frère et il ne me reste alors qu'a dire: que Dieu le
protège et nous le conserve dans sa pureté!
Je ne puis me dissimuler tous les dangers et les
fatigues auxquels son nouvel état va l'exposer, mais ce
qui m'alarme et m'inquiète surtout, c'est son humeur
mélancolique et irrascible; je te conjure, mon cher ami,
de lui écrire et de le prêcher un peu sur ce point, il
t'aime avec une si tendre confiance que tu ne peux
qu'exercer sur lui une influence heureuse.

Que ne pouvons-nous être encore une fois réunis en
famille, avant que son sort ne l'éloigne de nous! puisse
son coeur et sa confiance me rester, et son souvenir ne
jamais être mêlé de regrets!

Il me tarde bien, mon cher ami, de voir s'appro-
cher le moment de ton retour, pour moi, pour toi-même
et surtout pour ton digne père, qui est surchargé de
nouvelles occupations depuis la mort de ce pauvre Dietrich, en qualité de tuteur de ses enfants: C'est là une
tâche bien pénible mais bien sacrée pour ton digne père,
il se l'est imposée pour tranquilliser les créanciers et
apaiser les mânes de ce malheureux jeune homme.

Que de malheurs viennent peser sur cette famille!
Me de Diedrich Ochs*) vient de succomber aux peines

---

*) Die Wittwe des unglücklichen Stettmeisters Friedrich von
Dietrich, der anno 1794 guillotinirt wurde.

sans fin qui depuis dix ans n'ont cessé de l'accabler,
elle est morte hier à la suite d'une fièvre bilieuse, c'est
une bien grande perte pour la famille et je la regrette
aussi, pour ma part, bien sincèrement.

J'avais espéré que tu pourrais te détacher pour
quelques jours et venir avec mon frère conférer ici des
intérêts de la maison de commerce, mais je crains de
voir échouer ce projet auquel j'attachais un grand prix;
je réitère cependant ma prière, au sujet de la maison de
Mayence, de n'y engager qu'un capital réduit, car j'en
reviens toujours à ma première idée: qu'il serait par trop
cruel d'avoir la crainte de voir nos fils compromis par
des événements, qu'on ne peut pas prévoir, au moment
où votre digne père aspire au repos après avoir hono-
rablement assuré l'avenir. Il me semble même que c'est
trop charger la responsabilité de deux jeunes commen-
çants que de leur laisser la direction de deux maisons
aussi importantes que celles de Strasbourg et de Mayence.

Tu ne réponds pas plus que M⁰ Haller aux différentes lettres de ton père et si l'on ne te savait occupé
à régler tes projets d'association, nous serions peinés de
ton silence. Tâche donc de nous dire à quelle époque
à peu près tu crois pouvoir nous revenir et conviens que
tu mériterais quelques petits reproches de mettre si peu
d'empressement (en apparence du moins) à répondre
aux sollicitations de toute une famille.

Ta soeur contient avec peine le besoin qu'elle
éprouve de revoir son cher Fritz, Charles ne parle que
des temps heureux, où, réuni à son frère bien-aimé, il
pourra marcher avec lui d'un pas assuré vers le même

but, Henri prétend que sa gaité ne reviendra qu'avec l'ami qui a si souvent encouragé ses premiers succés.

Mon mari et moi, enfin, nous anticipons sur le bonheur d'une réunion tant desirée et nous nous félicitons d'avance de l'avantage qui en résultera pour tous.

Tâche donc de venir bientot mettre le comble à nos voeux, à nos espérances et que ton bonheur enfin les couronne toutes.

Je t'embrasse et t'aime de toutes mes forces.

Ta mère

Elise.

Krautergersheim le 26. Juin 1860.

Lilli au 2 ihrer Söhne damals in Mainz.

J'ai reçu vos lettres, mes chers enfants, avec un bien grand plaisir, tout ce qui me vient de vous, tout ce qui me retrace les sentiments de tendresse et de confiance qui font mon bonheur me procure les plus douces jouissances, j'ai un si grand besoin de m'occuper de vous et mets à la question tous ceux qui vous ont vus et parlé et pourtant je vous écris si peu; En voici la raison: Depuis que je suis Oberbau-Inspektor je ne puis faire autre chose que mesurer, comparer, ordonner et ce qui en est la suite, critiquer et gronder; vous êtes trop loin de moi, mes chers amis, pour que je puisse aussi étendre sur vous mon Inspection, mais je pense qu'elle est inutile avec des personnes aussi raisonables.

Ici cependant, où je campe avec Winter et Louise
(Bebiente unb Kammerfrau) nous avons déjà fait tant de
besogne que tout le monde s'en étonne.

Il faut vous dire qu'à notre arrivée les rats et les
souris étaient seuls maîtres de séans. Les planchers
détruits, point de volets, partout fenêtres et portes brisées,
le toit percé, tel était l'état où je trouvai la maison.

Mais avec quelques petits coups de cette baguette,
que vous appelez Zauberstäbchen, tout a été changé en
peu de jours: des planchers neufs, des volets partout,
portes et fenêtres renouvelées (le bois qui pouvait servir
encore a été reemployé) le toit réparé, même le pigeon-
nier, (ce qu'il y a ici de plus joli) relevé, enfin, les deux
chambres d'habitation, mit eigener hoher Hand tapeziert,
voilà, mes chers amis, ce qui a été fait dans l'espace de
quinze jours.

J'ai le plus grand plaisir de voir combien notre
modeste habitation sera gracieuse, simple et jolie quand
tout sera terminé.

Figurez vous que j'ai déja logé onze maîtres, il
est vrai que plusieurs ont couché sur des matelas par
terre ou sur des lits de camp, mais huit d'entr'eux
avaient de trés bons lits.

La maison a peu d'apparence, mais elle est gentille,
heimlich et me plait infiniment etc.

Krautergersheim 14. 8ᵇʳᵉ 1806.

Lilli an ihren Sohn Wilhelm.

Tu as fait de moi une femme bien heureuse, mon bon Guillaume, et ta lettre, tout en excitant la curiosi té des uns, a produit un effet général: celui du plus grand plaisir, tout le monde sait le faible que j'ai pour mes enfants et le besoin incessant de m'occuper d'eux. mais actuellement que mon cher William est en danger comment détournerai-je de lui mes pensées et mes voeux, n'est il pas naturel que mon affection se concentre plus particulièrement sur lui?

Ah je ne pense, ne rève plus que bataille et guerre!

Il me tarde de savoir si tu as été de la première affaire que l'on dit avoir eu lieu le — ta lettre du 2 nous est arrivée au moment où l'on publiait le bulletin de cette affaire, juge si cela m'a émotionnée! Un fils aux avant-postes, un gendre en danger de vie, deux autres fils qui vont courir des chances bien orageuses dans un moment qui ne permet plus de songer au calme, une fille chérie dans les larmes et un fils, jeune encore, qui ne sait ce qu'il deviendra! ce tableau, cher Guillaume, n'est pas celui du bonheur! et pourtant mon ame est calme parcequ'elle espère en Dieu.

Qu'il te bénisse et te conserve pour notre bonheur à tous!

Tâche de nous faire savoir si tu as reçu au moins trois lettres que je t'ai écrites depuis peu et les adresses que je t'ai envoyées pour les différentes villes de l'Allemagne?

Un mot seulement, directement ou indirectement, suffira
pour me rendre heureuse.

Adieu de tout mon cœur et au nom de tous.

Elise.

————

Krautergersheim 17. 8ᵇʳᵉ 1806.

Lilli an ihren Sohn Wilhelm.

Ta lettre N° 1 ne m'est parvenue qu'aujourd'hui,
mon bien cher ami, mais elle m'a causé un plaisir d'autant plus grand qu'elle était la première depuis Francfort et qu'il me tardait infiniment de savoir quelques
détails sur ton retour au régiment et sur les impressions
que tu as reçues; j'en avais besoin pour me consoler
un peu ou plûtot pour moderer les regrèts que ton départ m'a fait éprouver. Je te remercie bien de tout
ce que tu me dis à ce sujet; je partage sincèrement,
mon bon fils, la satisfaction que tu éprouves de la belle
composition de ton corps, c'est une nouvelle famille au
sort et à l'honneur de laquelle tu seras lié d'une manière
bien intime; avec ton caractère il faut, pour être heureux,
pouvoir respecter ceux dont on partage la destinée, il
est doux pour l'homme de bien de pouvoir affectionner
ceux qui marchent avec lui dans la voie du devoir. Je
suis sûre aussi que de son coté mon cher Guillaume se
fera aimer et respecter de ses camarades, ses principes
me sont garants de sa conduite.

Ta carrière s'ouvre sous d'heureux auspices, mais
elle aura ses ennuis et ses contrariétés, que j'engage
mon vaillant hussard à supporter sans découragement,

comme il affrontera les dangers sérieux; c'est ce découragement, que font naître les petits déboires et les petites tracasseries, qu'il faut éviter, car il relâche le cœur et use les ressorts de l'ame plus que les grands revers, ainsi bon courage en toute chose, et tout ira bien.

Henri a passé dix jours de vacances avec nous, il parle sans cesse de toi, et je puis t'assurer, baß er dich in Ehren hält, ja Wilhelm, sagt er, ist ein ganzer Mann! Quel bonheur pour moi, mon cher fils, de voir mes chers enfants s'entr'aimer ainsi et se sentir solidaires entr'eux de la stricte observation des principes d'honneur et de vertu que nous leur avons inculqués.

Que Dieu vous conserve et vous bénisse tous!

J'espère que tu me donneras des détails sur ton existence au régiment et que j'aurai des nouvelles de ta main malade; n'oublie pas tout ce que tu m'as promis et ne te fais pas illusion sur tes forces physiques, quant à la force morale je sais que je puis compter sur elle. Je t'embrasse et t'aime de toutes les forces de mon âme.

Adieu

Elise.

Feuchtwang 30. Avril 1806.

Wilhelm Türckheim an seine Mutter.

Je n'ai que le tems, ma chère mère, de vous dire que je vous aime toujours et qu'aucune distance ne m'éloigne de vous, j'avais eu le projet de vous écrire tous les jours, mais depuis Canstadt j'ai fait le voyage avec trois autres officiers et nous étions toujours si étroitement logés qu'il m'a été impossible d'avoir une place à moi tout seul.

Heureusement que la gaité de mes compagnons de voyage et la beauté du pays m'ont fait oublier les pluies continuelles, le vent et la neige que nous avons eûs en chemin de manière que mon voyage a été assez agréable. Une seule chose, qui me peine toujours et à laquelle je ne puis m'accoutumer, c'est d'être constamment logés et nourris aux frais de ces pauvres bourgeois qui sont souvent obligés d'acheter ou d'emprunter ce qu'ils donnent aux soldats; dans presque toutes les villes le dizième de la population a émigré et pourtant nous sommes en pays allié. L'on ne croit pas que l'armée rentrera de si tôt: J'ignore toujours où se trouve mon régiment, je crois qu'il est entre Augsbourg et Nuremberg. En ce cas j'y arriverai demain ou après-demain. On m'appelle, je vous embrasse tous

Guillaume.

Wilhelm von Türckheim an seine Mutter.

Potsdam le 20. Mai 1807.

Chère Maman.

J'ai mandé à mon pére il y a peu de jours, que, d'après une permissoin du Ministre de la guerre, je me rendrai aux eaux thermales en France. Mon chemin passe par Strasbourg et je compte y être en dix ou douze jours.

Comme le courrier serait trop fatigant j'ai acheté une vieille voiture, qui sera conduite par des chevaux de réquisition en brulant plusieurs étapes par jour. Si cette manière de voyager ne va pas assez vite je prendrai des chevaux de poste. Je fais le voyage, avec un gendarme d'ordonnance, en passant par Magdebourg, Francfort et Mayence.

Ma main va déjà un peu mieux, je crois que c'est l'idée de revoir ma famille qui me guérit, jamais, après avoir été absent de la maison paternelle, je n'ai desiré aussi ardemment d'y revenir.

Ce sentiment a tant de charmes pour moi que je crois l'éprouver pour la première fois. Je ne me connaîtrai plus quand je verrai le Rhin et la tour de Strasbourg.

Mais il ne faut pas anticiper sur des jouissances aussi pures et aussi délicieuses.

Je vous quitte pour m'abandonner aux rêves et aux projets que mon imagination se plait à former. Après des privations aussi cruelles que celles que cette campagne a entrainées cela est bien permis.

Je ne vous dis plus adieu, chère maman, car je compte vous embrasser dans peu de tems.

Un baiser à Papa et à toute la famille, y compris Mlle Cécile (ein kurz vorher geborenes Kind seines Bruders).

Guillaume.

Krautergersheim 22. 7ᵇʳᵉ 1808.

Filli an zwei ihrer Söhne in Mainz.

Ce qui mettra le comble à mon bonheur, chers enfants, c'est la satisfaction que vous nous donnerez par votre conduite et votre travail.

Mᵉ G. a écrit à Papa une lettre fort amicale, dans laquelle il exprime son contentement à ton sujet, cher Fritz, il loue ton zèle, ton intelligence, ta facilité à tout comprendre et à exécuter ce que tu as conçu; il sait aprécier tes qualités morales, continue à mériter l'estime de tes chefs, et rappelle toi que tout dans cette vie porte en soi sa récompense et sa peine: la bonne renommée est un capital inappréciable qui jamais ne se perd.

Et toi aussi, cher Charles, persévère dans la voie où tu es entré, rivalise avec ton frère ainé en tout, car il ne peut que te donner de bons exemples; Tous deux vous chercherez, j'en ai la confiance, à vous rendre digne du nom honorable que votre grand père et votre père ont acquis par leur vie pleine de travail et de dévouement.

A l'occasion de la prise de possession de notre nouvelle maison de campagne j'ai pu me convaincre, par l'empressement qu'une population (cependant toute catholique) a mis à nous recevoir, de l'estime et de l'affection dont votre digne père est entouré; de pareils témoignages font du bien au coeur, tâchez de les mériter un jour!

Pour ce qui concerne vos petites acquisitions de ménage, ayez en soin vous-mêmes, achetez avec économie, tout ce qui est nécessaire et anständig, je connais la modestie de vos gouts et de vos prétentions et ne vous prescris rien, faites tout cela bien et ne craignez point

d'observations, ni de ma part, ni de celles de votre
digne père.

Dites mille choses affectueuses à l'oncle et a la tante
et ne cessez de témoigner à tous deux votre respectueuse
amitié.

Bayows prés Brandenburg 8. Avril 1808.

Wilhelm Türckheim an seine Mutter.

Me voilà installé depuis avant-hier dans un village
de quatre paysans et demi (car il y a trois paysans et
trois demi paysans, Halbbauern). Je suis logé dans
un petit chateau, sur la porte duquel il y a une grande
inscription qui dit que ce chateau a été restauré en 1505,
jugez par là comment il est conditionné.

La maitresse de la maison est une veuve fort riche,
singulièrement avare et passablement laide, mais par
contre superbement coquette, de manière que tout ce
que je puis faire pour elle c'est de rire seul dans ma
chambre et de ne pas m'occuper d'elle, au reste je suis
d'une politesse extrême, ce qui a provoqué de sa part
la déclaration qu'elle adore la société, à quoi j'ai ré-
pondu que je n'aimais, pour mon compte, qu'une solitude
absolue, heureusement j'ai apporté mes livres de Berlin,
il neige et il pleut, comme en Décembre chez nous, on
ne peut faire un pas hors de la maison sans être trempé
d'outre en outre.

J'espère que le G¹ Rapp me prendra bientôt comme
aide de camp, ce qui me tirera de ma solitude etc. etc.

Toutes vos lettres sont si remplies de bontés pour
moi, chère Maman, que je suis toujours embarassé comment répondre à tant de tendresse! Les hommes ont
plus de peine à rendre compte des émotions de leur
coeur que des mouvements de leur esprit, je crois que
les femmes en général sentent plus vivement les choses
et out plus de facilité à se faire comprendre par un
seul mot que nous par de longs discours: Il est de fait,
que, malgré toute ma reconnaissance et la persuasion
où je suis de n'avoir rien fait pour mériter tant de
bontés de votre part, je ne saurai jamais répondre à
vos lettres comme je le voudrais. Que ma bonne volonté
me serve d'excuse, chère Maman, et puissiez vous mesurer
mon amour par l'impossibilité même de l'exprimer.

Adieu adieu

Votre Guillaume.

Truxillo (Estramadura) 11. Avril 1809.

Wilhelm v. Türckheim an seine Mutter.

Vous avez sans doute été informée, ma chère mère
par le peu de mots que j'ai écrits à mon père, que j'ai
été blessé le 28 Mars sur les bords de la Guadiana.

Je puis vous annoncer aujourd'hui que la blessure
a très-bien tourné et qu'elle commence à se fermer
à présent. J'ai été bien soigné et d'un jour à l'autre je
m'attends à partir pour Madrid. Si la blessure n'était
à la partie interne du genou je pourrais déjà monter à
cheval dans moins d'un mois, cela durera peut-être six
semaines de plus.

La seule chose qui me peine dans tous cela c'est
la perte de mon bon cheval qui est irréparable, mais le
sort l'a voulu ainsi.

J'avais tant désiré rencontrer ces Espagnols, nous
les avons trouvés et la cavalerie les a travaillés comme
il faut, mais il a fallu payer ce plaisir, je suis le seul
officier du régiment qui a été blessé.

Je n'ose pas penser au bonheur de revoir la France,
qui sait, peut-être qu'à Madrid il s'ouvrira une per-
spective, laissons faire ma bonne étoile peut-être me
fera-t-elle réparation d'honneur.

J'ai reçu le petit paquet et.les deux lettres de
Charles et de Lilli (Bruber und Schwester) auxquels j'ai
été bien sensible, j'y répondrai aussitot que je me sen-
tirai plus à mon aise.

Adieu, ma chère maman, je vous embrasse de coeur
et d'ame ainsi que mon père et tous les miens.

Guillaume.

Krautergersheim 18. Avril 1809.

Lilli an ihren Sohn Wilhelm.

Quelques précautions que notre cher Fritz aye pu
prendre pour m'annoncer le nouveau malheur que tu
viens d'éprouver, mon bien cher Guillaume, je n'en ai
pas moins été attérée, La lettre de Mathieu (ein Freund,
ber bie erste Kunbe ber Berwundung gab), a fait couler des
larmes de douleur et en même tems de gratitude envers
la providence qui t'a sauvé une seconde fois, puissé-je
bientôt apprendre la consolante nouvelle que ta blessure

n'aura pas des suites facheuses, que ta santé n'en est pas
altérée et que tu as conservé ta confiance en ce Dieu
de bonté qui t'a préservé encore une fois d'un plus grand
malheur. Mathieu, nous fait espérer que tu pourras être
transporté à Madrid, il espère te loger et s'exprime d'une
manière si amicale à ton sujet que je ne puis assez le
remercier de cette marque d'amitié, je te prie de lui en
témoigner toute ma reconnaissance.

Je ne me doutais pas, mon bon ami, lors du re-
cueillement et de la tranquillité dans laquelle j'étais venue
passer la semaine sainte ici, que mon brave hussard
était dans ce moment même exposé à de nouveaux
dangers, et j'étais loin de penser que les prières que
j'adressais au ciel pour la conservation de ses jours
coinciderait avec l'époque, où, voyant lui-même la mort
si près de lui, il dirigerait son regard vers Dieu.

Que nos coeurs se réunissent maintenant en actions
de graces et qu'il nous soit permis d'espérer encore!

Peu de soldats échappent au malheur qui t'a frappé,
consolons-nous en songeant qu'il eût pu être plus grand.

Mes pensées les plus intimes se concentrent sur
toi, mon cher enfant, il me semble que je dois te rendre
compte de tout ce qui se passe dans mon ame, peines
et joies je voudrais pouvoir te les dire, oh qu'il est
cruel d'être séparé dans ces moments-là!

Ton père partage toute la sollicitude et toute la
tendresse qui nous attachent à toi pour la vie.

Que le Seigneur te prenne sous sa sainte garde
et nous accorde la grâce d'apprendre bientôt ton entier
rétablissement! Soigne tes blessures, je ne serai tran-

qu'ille que lorsque j'aurai reçu tous les détails par toi
même, écris dès que tu pourras.

Hclas! Que ne suis-je à portée d'en juger par moi
même et de donner au plus cher, au plus tendrement
aimé des fils des preuves continuelles du sentiment
d'amour qui me lie à lui pour l'éternité.

Adieu! encore une fois adieu!

Ta mère affligée

Elise.

Madrid 22. Avril 1809.

Wilhelm v. Türckheim an seine Mutter.

Je suis arrivé ici en bonne santé, ma chère Maman,
et ne saurais vous dire combien je me trouve heureux
d'être enfin avec mes compatriotes et en repos.

Me Mathieu a tous les soins et toutes les attentions
pour moi; avec l'esprit tranquille que j'ai et le bon trai-
tement que je reçois, je me rétablirai promptement.

Ma blessure commence a se cicatriser mais avec une
forte suppuration qui m'affaiblit naturellement un peu.

Cette blessure a été le coup le plus heureux que
l'on puisse recevoir dans une bataille, Il est si rare
qu'une blessure causée par un biscayen n'éxige pas
l'amputation, surtout à un endroit aussi dangereux que
le genou. Il n'y a aucun nerf aucun tendon attaqué!
Un moment avant que je ne fusse blessé nous battions
encore en retraite et j'aurais alors été fort exposé, me
trouvant à terre, si un escadron des nôtres, chargeant

à fond, n'avait pas culbuté toute la cavalerie ennemie qui se trouvait en face de nous, un hussard revint avec un cheval de prise, dont la selle avait tourné, je lui fis couper les sangles de la selle et m'élançant, malgré mes douleurs, sur le cheval nu, je gagnai le village de Medelin qui est à un quart de lieue de là et où l'on me pansa de suite. Ne sont-ce pas là des circonstances heureuses? Il est vrai que mon pauvre cheval est mort, ce dont je ne me console pas.

De Medelin je suis parti dans un fourgon, avec quatre officiers Espagnols, dout deux sont morts en route, l'un de ceux qui restent et auquel j'ai pu rendre service, s'est attaché à moi et a été mon camarade d'infortune jusqu'ici.

J'espère bien sortir de ce malheureux pays après ma guérison — mais en voilà bien assez de moi, chère et bonne mère, et j'oublie de vous demander comment vous êtes vous-même et comment vont tous les nôtres, Lilli (ſeine Schweſter), m'écrit une charmante lettre, mais sans parler d'elle-même, modestie que j'appelle un défaut quand on correspond avec moi.

Adieu, ma chère mère, embrassez toute la famille pour moi.

Votre

Guillaume.

Moscow le 19. 7bre 1812.

Wilhelm Türckheim an feine Mutter.

Nous voici enfin, ma chère mère, dans cette superbe capitale des fièrs Moscowites, le terme de nos désirs. Elle devait être la récompense et le lieu de repos après tant de peines et de fatigues.

On y a trouvé des richesses immenses pour l'armée et l'on trouvera encore beaucoup de ressources malgré le système incendiaire de l'énnemi, qui a mis le feu à une grande partie de cette belle ville. On a arrêté beaucoup d'officiers et des soldats russes, vétus d'habits de paysans, par-dessus leurs uniformes et qui portaient le feu dans les maisons.

Tous ici, tant que nous sommes, nous convenons que dans aucune partie du monde nous n'avions vu une ville aussi majestueuse et aussi riche; elle est ornée de plus de trois mille palais et hotels, tous meublés avec un luxe et un gout que l'on ne trouve que dans les premières maisons de Paris et de Londres.

Cette richesse est principalement le résultat du Commerce de l'Asie avec l'Europe; dont Moscou est devenu le principal centre.

La majeure partie des grands seigneurs Russes habitaient cette ville, qui, depuis des tems trés reculés n'a pas eu d'ennemis. Toutes ces richesses, l'héritage des siècles, ont été en partie devorées par les flammes en deux ou trois jours. Ce trait de barbarie, inoui dans l'histoire, deviendra un monument de honte pour la Russie; ils ont fait éprouver à leur nation une perte irréparrable sans presque nous faire de mal.

Nous sommes ici dans un quartier isolé de la ville
pour jouir du repos dout mon Général*) a si grand besoin
à cause de ses blessures, il va mieux que l'on ne pouvait l'éspérer mais il se passera encore quelque tems
avant qu'il ne puisse monter à cheval.

Il y a un siècle que je n'ai reçu de vos nouvelles,
chère mère, je vous ai écrit de Smolensk, Gumbinnen,
Gyatsk, le 4, 8 11 et 7bre.

Adieu, je vous embrasse tendrement ainsi que mon
digne père et toute la famille

Votre dévoué fils

qui vous chérit

Guillaume.

Danzig le 3. Janvier 1813.

Wilhelm Türckheim an seine Mutter.

Il a fallu, chère et bonne mère, que des circonstances sans nombre vinssent me contrarier depuis mon
arrivée à Danzig pour que j'aie pu rester aussi longtems
sans m'entretenir avec vous, soyez persuadée que si
jamais j'en ai éprouvé le besoin c'est à cette époque où
j'ai reçu tant de preuves de la protection divine et de
l'affection de mes parents.

---

*) Der brave General Rapp, in der Schlacht bei Moskowa durch zwei
Schußwunden schwer verletzt, wurde in Moskau von Türckheim aus den
Flammen des brennenden Hauses, wo er lag, den 21. Sept. wunderbar
gerettet. Den Rückzug aus Rußland machte Türckheim an der Seite
dieses Helden, der sich bei allen Schlachten dieses schrecklichen Krieges,
ungeachtet seiner noch nicht geheilten Wunden, mit Ruhm bedeckte.

J'ai écrit à mon père, il y a quelques jours, mais je n'ai pas pu lui exprimer assez ma reconnaissance.

Il faut avoir fait cette campagne et en être revenu aussi heureussement que moi, pour pouvoir être persuadé de la bonté de son étoile, et l'on ne saurait se faire une idée de ce que j'éprouve que si l'on avait le bonheur de posséder des parents comme les miens. La nouvelle preuve de bonté qu'ils viennent de me donner m'embarasse d'autant plus que jamais je ne saurais assez la reconnaître. Vous ne doutez pas, chère Maman, du plaisir infini que me fait éprouver l'idée de posséder un jour Truttenhausen (ein schönes Gut in reizenber Lage bei Barr am Fuße des Obilienberges) mais la crainte de commettre une indiscrétion envers mes parents et ma famille en l'acceptant, ne me permet pas de jouir sans trouble de cet effet de leur bienveillance.

Je suis enfant gâté depuis bien longtems, mais je suis d'age assez raisonnable pour m'apercevoir, que cela n'est pas bon pour nous autres militaires.

Déjà je me suis repenti d'avoir signé et renvoyé à mon bon père l'acte de donation et s'il plait à mes chers parents, je serai Seigneur de Truttenhausen plus tard.

Je vous adresse une lettre du Général Bⁿ de Berckheim à sa mère, il est ici depuis peu de jours dans un état qui fait peine à voir, on lui avait caché longtems la mort de son frère Gustave, qu'il vient d'apprendre en même tems que celle de son beau frère Dietrich, peu de tems après son frère Fritz a eu les deux mains gelées au point qu'il a fallu lui couper deux phalanges de l'index et du petit doigt.

Il a supporté cette opération avec le plus grand courage. Tout cela a influé si cruellement sur le moral de ce pauvre Sigismond (General Verdheim) qu'il en a perdu momentanément la memoire et que son état inspire des craintes.

Il ne lui reste de cette campagne que ses chevaux; les miens sont revenus, mais dans un etat si pitoyable, que je ne pourrai plus jamais m'en servir.

Mes effets ont été perdus et malheureusement nous avions tous emporté beaucoup, croyant passer nos quartiers d'hiver à une grande distance d'ici, et, ce qu'il y a de plus piquant, c'est que j'avais sauvé un grand portomanteau contenant ce que je possédais de plus précieux, et tout m'a été volé depuis mon retour ici; c'est faire naufrage au port!

Mais ce qui me fait le plus de peine, chère mère, c'est mon pauvre vieux Andres*), qui a eu les mains et les pieds gelés et auquel il a fallu couper un doigt.

Outre cela il est si affaibli qu'il ne pourra plus faire aucun service actif. Il a aussi perdu toutes ses épargnes.

Quand il sera remis je vous demande la permission de vous l'envoyer pour lui donner les invalides à la campagne avec un petit emploi quelconque: Jamais je ne saurais faire assez pour reconnaitre les grands services qu'il m'a rendus.

Vous voyez, ma chère Maman, que j'ai payé mon tribut comme tout le monde à cette terrible guerre, mais

---

*) Sein alter treuer Diener, ber sein Leben in Truttenhausen bei seinem Herrn beschloß.

quand je compare mon sort à celui de tant d'autres je dois
m'estimer un des mortels les plus heureux.

Adieu, bonne chère Maman, je désire que votre
santé continue à se ressentir de l'éffet bienfaisant des
eaux de Niederbronn, je vous prie de renouveler à mon
père l'expression de toute ma reconnaissance, mes amitiés
à frère, soeur et amis et pour vous mes plus tendres
embrassements.

Guillaume.

Warſchau 21. Januar 1814.

Wilhelm v. Türckheim an ſeine Mutter.*)

Wir ſind ſeit einigen Tagen hier, beſte Mutter, und
hoffen noch einige Zeit hier bleiben zu können, ich habe die
Freude gehabt, meinen alten Freund Jacobi**) wieder zu
treffen, es war meinem Herzen unendlich wohlthätig, durch
ihn endlich einige Nachrichten über meine Familie zu erhalten.

Jacobi bekommt regelmäßig Briefe von ſeiner Mutter
und ich kann mich alſo auch der Hoffnung hingeben, bald
etwas von den Meinigen zu erfahren.

Im Fall wir von hier weiter gehen ſollten, ſo würden
die Wiener Häuſer unſern ferneren Aufenthaltsort leicht aus=
findig machen und mir dorthin einige Empfehlungsbriefe
ſchicken können.

---

*) Dieſer Brief iſt in deutſcher Sprache geſchrieben.
**) Wilhelm von Türckheim hatte in Göttingen ſtudirt und be-
wahrte ſeinen deutſchen Freunden eine unverbrüchliche Treue, er ſpricht
von mehreren derſelben in ſeinen Briefen mit den freudigſten Erinnerungen.

Wir sind alle wohl und haben weiter keine Unannehm=
lichkeiten erfahren, allein das physische Wohlbefinden kann den
moralischen Schmerz nicht lindern, wir haben lange auf alle
mögliche Art gelitten, aber der Geist war durch die Spannung
aufrecht erhalten. Jetzt hat dieser Kampf aufgehört, die Be=
täubung ist vorüber und der Schmerz allein bleibt zurück.

Ich habe meinem lieben Vater mehrere Briefe geschrie=
ben und werde auch noch umständlicher schreiben. Mein sehn=
lichster Wunsch ist jetzt, daß die Vorsehung meine Familie
von den Uebeln bewahren möge, die ich so lange vor Augen
gehabt.

Es fehlt mir hier nichts, ich habe vor einiger Zeit Geld
aufgenommen, auf Rechnung meines Vaters, um nicht im Fall
der Noth in Verlegenheit zu sein, lebe nun wohl, theuerste
Mutter, und sei überzeugt, daß ich in jeder Lage des Lebens
mich immer bestreben werde, mich meiner edlen Eltern würdig
zu zeigen.

Dein Wilhelm.

Paris le 18. 9bre 1815.

Lilli an ihre Schwiegertochter Fritze v. Degenfeld.

J'avais bien jugé le coeur de ma chère Fritz*), en
espérant recevoir bientôt de ses nouvelles; je l'ai reçu
cette lettre tant disirée, elle m'a fait d'autant plus de
plaisir que j'y retrouve à chaque mot, le témoignage si
bienfaisant de l'affection que je suis heureuse d'avoir pu
inspirer.

---

*) Ihre Schwiegertochter Frederica.

Je sens vivement le bonheur de me retrouver avec
ce bon papa et jouis doublement de notre réunion de
famille, dans une ville où les liaisons intimes deviennent
presqu'impossibles.

Le pauvre Charles a subi une seconde opération,
moins dangereuse que la première, mais qui l'a cependant encore fait beaucoup souffrir, on lui a fait de
fières entailles dans le palais et j'en étais fort inquiète;
le général S. qui partageait mes inquiétudes, a eu l'attention d'aller chez le chirurgien pour s'assurer de l'état
réel du mal, ce dernier nous a fait dire qu'il n'y a
aucun danger.

Comment passez-vous vos soirées, ma chère Fritz?
je pense que les matinées sont à vos enfants et aux
soins du ménage, l'après-diner au cher époux et que les
soirées sont destinées, soit aux devoirs de société, soit
au développement de l'esprit, par la lecture, et aux
épanchements du coeur, si nécéssaires au bonheur de la
vie et au besoin que l'on eprouve de consolider ce que
l'éducation et les circonstances ont développé en nous.

Allez vous quelquefois à la Préfecture? on dit
beaucoup de bien de M^r et Me X. et nous avons été
heureux d'apprendre qu'il se loue de son département
et qu'il se félicite d'y avoir été envoyé.

Comment vont Josephine et Mathilde (zwei ver=
wandte Freundinnen) sentent-elles tout ce qui leur
manque pour devenir quelquechose? je suis souvent
peinée de ne leur voir aucun gout, aucune prédilection
pour une occupation quelconque, elles sont si peu com-
municatives, leur esprit ne se formera pas sans travail.

Quels sont les projets des campagnards, est-on un peu plus tranquille, ou bien le passage des troupes dure-t-il toujours?

On assure la paix signée depuis hier et on espère qu'elle ne tardera pas à être communiquée aux chambres. Puissent tous les partis se réunir pour assurer la tranquillité de la France et de l'Europe, c'est le voeu bien naturel de tout être bien pensant.

Adieu, ma bonne chère Fritz, dites à votre bien cher mari à quel point les Schwätzstündchen me manquent; il est si doux de pouvoir se dire tout ce que l'on pense; ici point d'épanchements, point d'harmonie dans les idées, l'homme calme se renferme en lui-même, car on ne le comprend pas.

Adieu encore etc. etc.

Krautergersheim 15. Mai 1817.

Wilhelm v. Türckheim an seinen Bruder Fritz nach dem Tode der Mutter.

Mon cher Fritz je crois devoir, pendant mon séjour ici, entretenir avec soin les rapports de coeur entre vous et notre respectable père, c'est lui qui souffre le plus par suite de la perte cruelle que nous venons de faire, c'est sur lui que se réuniront dorénavant toutes nos affections, toutes nos espérances.

La disposition de son esprit est la même, sa grande âme maîtrise la douleur mais elle en souffre d'autant plus en secret. Je ne sais si le séjour ici exerce une influence pernicieuse sur lui, ou si cette influence est plûtot heureuse. D'un coté ses efforts de courage sont combattus par les souvenirs que ces lieux lui rappellent, de l'autre c'est précisément la création de Krautergersheim qui lui offre des consolations touchantes. Chaque fleur, chaque arbre, ces plantations, qui souvent lui semblaient incompatibles avec l'utilité, sont devenus aujourd'hui les objets de son attention et de ses soins comme témoins vivants d'une activité pleine de grace qui a fait le bonheur de sa vie. En s'occupant de ces choses, qui autrefois lui étaient presqu'indifférentes au milieu de ses travaux sérieux, il offre aujourd'hui un culte de sensibilité à la mémoire de sa compagne chérie.

Nous avons planté hier, Lilli et moi, beaucoup de rosiers et quelques lauriers autour de la sépulture de notre bonne mère et nous avons décidé que chacun de nous viendrait porter, alternativement et en tems opportun, quelque tribut en arbustes toujours verts pour orner ce coin d'affection de notre mère et de tous ses enfants.

Papa a décidé qu'il resterait ici etc. etc.

Ton

Guillaume.

Errata.

Seite 5, Zeile 3 von Oben lies: „ihren" statt „Ihren".
„ 11, „ 12 „ Unten „ „tendu" „ „tendus".
„ 22, „ 8 „ „ „ „1775" „ „1875".
„ 47, „ 3 „ „ „ „Pyrmont", „Pirmont".
„ 63, „ 8 „ „ „ „profitez", „profiter".
„ 74, „ 12 „ Oben „ „Stafforb", „Staffort".

www.ingramcontent.com/pod-product-compliance
Lightning Source LLC
Chambersburg PA
CBHW030609270326
41927CB00007B/1101